［日］大石哲之　著
贾耀平　译

靠谱

顶尖咨询师教你的工作基本功

コンサル一年目が学ぶこと

江西人民出版社

前　言

无论是初出茅庐的职场新人，还是久经沙场的商战老手，我都希望这本书能帮助您掌握一些具有普遍性的技能和本领。这些技能和本领并不是一时性的，即便再过15年、20年，依然会起到很大的作用。这本书绝非仅针对那些在咨询公司工作的人，对在各个领域和职位的人都会有帮助。

本书之所以叫作《靠谱：顶尖咨询师教你的工作基本功》，主要是因为无论身处何种领域、从事何种工作，那些出身咨询行业的人都表现出色。因此可以认为，他们最初在咨询行业所掌握的本领里，很可能存在一种具有普遍性的工作能力，这种能力使他们能够在不同领域、不同职位上都会有出色的表现。

那么，这种具有普遍性的工作能力究竟是什么呢？

为此，我采访了现在活跃在各个领域、之前从事咨询工作的人，让他们回顾15年前自己刚刚进入咨询行业时的经历。他们认为自己在新人时期掌握的知识，即使过了15年仍记忆犹新，依然有很大作用。换句话说，即使领域、职位发生了变化，即使身居管理层或经营层，作为咨询师时学到的知识、技能依然有共通性。这种技能就是经历了15年磨炼，他们在咨询行业获得的技能和经验已经像经过精心打磨的钻石一样散发出璀璨的光芒。

我对于这些技能、经验做出了解释和说明并编成本书出版。

总而言之，阅读这本书可以保证：

·无论从事何种行业和工作，您都能收获即使再过15年仍旧管用的、可广泛适用的技能。

·即使您只有一年工作经验的基础水平也能看懂本书所介绍的技巧。

我说明一下本书的设想和结构。

首先，就采访对象来说，主要集中在那些和我年龄相仿的35~40岁的人士。他们都是有15~20年工作经验的人。

我尽可能地选择不同领域、不同职位的人进行采访。比如外资公司的商务合伙人、高风险创业并成功上市的企业家、投身政坛的人、身为管理层并发表多部著作的作家、在高校执教的教师、上市公司的经理以及独立创建咨询公司的人等。

采访这些人后，我将采访资料分门别类，精挑细选了30个重要技能，并且对每一个技能都进行简单易懂的解释说明，并配以受访的人和我自身的经验呈现在读者面前。我将这些技能分为四大类，共四个章节。

第一章是"沟通技巧"，主要讲沟通方面的技巧。内容涉及沟通中最为基础的部分，不只有具体的小诀窍，更着眼于具有通用性的沟通技能。

很多书籍可能都会列举出用事实说话、坦诚地说、从结论说等方法，说明这些方法非常重要。而重中之重是"期望值"。很多前咨询人也都认为超越期望值非常重要。

第二章是"思考技巧"，主要是以逻辑思维、假设性思考、问题解决等咨询行业的技巧为主。内容涵盖基本思考方法，以及如何运用该思考技巧在各种场合、工作中灵活地处理问题。

这一章的关键点是"假设性思考"。它是咨询行业的精髓，一朝掌握，终身受用。任何一个前咨询人都将"假设性思考"充分运用到自己现在的工作当中。

第三章是"资料制作技能"，主要是一些资料制作方面的技巧。包括会议记录方法、PPT的基本技能、高效学习法、项目的任务管理方法等。

在工作第一年中可以学习的方法和技巧非常多。不过，本书只专注于讲解那些永不过时的可以用于武装自我的方法。

第四章是"商业精神"。从"专业性"的定义开始，主要解释说明承诺力、追随能力、团队精神等。

不同的领域、岗位确实需要不同的专业技能。但是工作的精神却能够广泛适用于任何岗位。这一章不会用一般性的解释说明，而是更加注重职场新人在第一年的具体经历。

和其他同类书籍不同的是，本书尽可能地将采访对象的真实体验传达给读者，突出技能的实践性，因此内容上可能多少有些重复。但如果读者阅读本书时，仿佛感受到了来自前辈的临场指导的话，我便甚感安慰。

大石哲之

目录

前言 ———————————————————— 001

第 1 章　沟通技巧

01　先讲结论 ———————————————— 002

02　Talk Straight 直入主题 ——————————— 008

03　用数据、事实说话 ———————————— 015

04　用数据、逻辑说话 ———————————— 020

05　逻辑先行 ———————————————— 026

06　让对方听得懂 —————————————— 029

07　配合对方的步调 ————————————— 035

08　充分理解对方的期望值 —————————— 039

09　超越上司的期待 ————————————— 044

第 2 章 逻辑思考技巧

- 10 思考方式 ········· 052
- 11 熟练运用逻辑树 ········· 059
- 12 "云—雨—伞":提建议的基本原则 ········· 071
- 13 假设性思考 ········· 078
- 14 有主见地汲取信息 ········· 088
- 15 探求问题本质的思考方式 ········· 094

第 3 章 资料制作技巧

- 16 文书写作的基础——会议记录法 ········· 100
- 17 最强的 PPT 制作方法 ········· 107
- 18 Excel、PPT:速度定输赢 ········· 115
- 19 从预设结果推算出工作计划 ········· 124
- 20 检索型阅读法 ········· 130

21　抓重点——让工作速度倍增 136

22　项目管理法——课题管理表 140

第 4 章　专业·商务精神

23　创造价值（Value） 148

24　不发言，勿开会 153

25　牢记"时间就是金钱" 158

26　速度质量两不误 162

27　学会"承诺力" 171

28　拜师学艺 181

29　发挥追随能力 185

30　具备专业精神的团队合作 189

后　记 197

接受采访的各界人士 199

出版后记 203

第 1 章

沟通技巧

01 先讲结论

重要性 ★★☆　　难易度 ★☆☆

"请先从结论开始说。"

很多商务书籍中都有这句话,相信诸位读者也曾听说过。那我为什么还要在这里重新强调呢?因为这是可以广泛应用的**沟通法则**,是作为咨询师所需要掌握的最有效的方法。

我在进入咨询行业之前,也以为讲问题一般要按先后顺序来讲。在学校,老师也教我们说话要有起承转合,要按顺序。

其实,老师教我们的说话方式是"演绎法"。

"因为这样,所以那样。"这是按照事物的前因后果说话。其最典型的代表就是数学推导。

首先,有 a 和 b

其次,a+b 等于 3

再其次,b 大于 2

所以,a 小于 1(**结论**)

从前提条件开始,按顺序出发,通过逐步推导得出结论,这就是演绎法。

与此相反的是"归纳法"——先讲结论。

比较典型的就是化学实验。

将一种液体和另一种液体混合后出现了○○（**结论**）。

出现这一现象有以下几个原因……

先从结论开始表述，然后阐明具体理由。

比如，大学生在写论文时，导师应该会这样指导：

先写自己通过论文想得出的结论，再写这个论点的依据。

虽然读后感可以想到什么写什么，但论文要是这样写的话只能是不及格。

咨询公司十分注重"先讲结论"这一原则。为了时刻注意这一点，这一原则被十分彻底地落实到了每一项工作上。

不光是咨询报告，还有日常邮件、笔记、与上司的沟通等，一切都贯彻着"先讲结论"的原则。

这样做的好处是能够简洁明了地讲清问题。**在短时间内将必要信息传达给对方。**

其实，我也是费了很大精力才适应这个法则。日本人的思维方式总是先有原因，而后有经过，有顺序，最后出结论，因为日语的语言顺序就是这样。先讲结论，就是把这个习惯反过来。这需要时间适应，只能通过练习来掌握。

遵循 PREP 模式

PREP 法是一种"先讲结论"的方法。首先我们来了解一下 PREP 的原则。

PREP 由以下英文单词的首字母组成。

> POINT = 结论
> REASON = 依据
> EXAMPLE = 具体事例
> POINT = 重申结论后结束

将上述步骤有意识地反复循环,最终掌握。

比如,用 PREP 法介绍本书:

"本书的目的是希望大家掌握我在咨询行业第一年里所学到的技能。这些技能具有普遍性,15 年后仍能发挥作用。

"为什么是咨询行业第一年的技能呢?首先,相比其他行业,咨询行业能够学习到系统的方法论。另外,15 年后还有用的技能大多数是在工作第一年里学到的。而提炼出精髓的话能让很多人受益。

"比方说,先讲结论就是其中一例。先讲结论就是指……"

PREP法基本上是上述的感觉。

总而言之，这就是"模式"，可以有意识地套用。

运用PREP模式，先讲结论

平常说话时就要改掉想到什么就说什么的毛病。

先在脑中整理好表述问题的PREP模式，然后先从结论说起。

人很容易焦急，认为被提问时必须要马上回答，于是便会不假思索地说出临时想到的东西。

我也曾经有这个毛病。面对提问，心中会产生一种恐惧感，如果张口结舌、哑口无言的话会被他人笑话脑子愚笨。为了消除尴尬，姑且就先说点什么应付一下。

但后来我明白了，这种"应付"在商务场合上是行不通的。这一点在我第一年工作时就被人指出来了。

"大石，你回答我的问题时，用不着说一些应付的话。"

我突然意识到，说一些应付的话反而更让人觉得你脑子不灵光。

当经理对我说："考虑5分钟，请好好整理一下思路后再回答一遍。"

我心中立刻通透起来。之前我很在意回答问题的速度，现在明白，原来整理好思路再答也可以。经理一句话，点醒梦中人。

从那时起，面对不能立刻回答的问题时，我先请对方给我一两分钟的时间，自己在脑中默默地整理好思路，然后从结论开始回答对方的问题。

会议应从结论开始逆向推动

最应该重视结论的就是会议。

开会前必须准备好"议事日程（agenda）"。议事日程其实就是议题。不过"议题"的意思不太明确，而议事日程上会更加明确地列举出"论点""**对最终应该得出何种结论的期望**"等。比如说：

"在本会议的议事日程中，列出在咨询行业第一年最重要的 30 个技巧是最终目的。这是要讨论的内容、目标和结论。"

在会议上想要得出的结论、必须决定的内容等，都要具体落实和宣布出来。在会议的最后要决定什么？要决定的主题就是会议的议事日程。确定之后就可以倒推：

想要得出什么结论？为此应怎样安排？

怎样确定步骤？

如上所述，从想要得到的结论倒推出会议的流程。只要事先注意到这一点，会议就不会偏离方向。

报告自不必说，日常邮件、说话、回答问题、会议推进等，都应遵循 PREP 模式，结论先行。

02　Talk Straight 直入主题

重要性 ★☆☆　　难易度 ★☆☆

外资咨询公司里会有很多标语，这些标语是新人的行动指南。

"Talk Straight"也是其中一条。这个词中包含了"如实地说""简明地说"和"坦率地说"等几个意思。

换言之，回答问题时，应该有条理、直截了当；不要拐弯抹角，找借口。这是获取对方信任的关键所在，我总是铭记在心。

不找借口，坦率地回答"是"或"不是"

当上司问你"之前让你做的那个调查做好了吗"的时候，如果调查还没完成，你怎么回答？

上司这样问时，一般都是工作没有按时完成或是不顺利。如果工作完成了，我们会直接报告。

刚进入公司时，工作不顺利很正常。被上司这样问的时候，新人很容易胆怯，不由自主地找起借口。

但是现在的我能够坦率地说"我还没有做完"，即使我知道自己有可能会被批评。

其实,经理想要知道的无非是工作是否已经完成,没完成的原因是什么,不过如此。**他不想听属下的借口,工作没完成也不能强求,只不过需要想一下完成工作的方法。**

即使上司发怒,也不是针对属下。现在我知道,那不过是上司想要你尽快完成工作罢了。

因此,这时首先应直接回答:

"还没有做完。"

"只发现了一个案例。"

这样才是直接坦率地回答问题。

自从我意识到这一点后,我也不会被上司批评得那么厉害了。

Talk Straight = 讲话不要拐弯抹角,要直率、简洁、明确。

举个极其简单的例子,比如说你跟别人约定好见面时间却迟到了。

别人打电话过来问:"现在到哪里了?"

这时候不要找借口搪塞。问你到哪里了,要先回答现在的位置。

"表参道站[1]，千代田月台上。"

之后再说自己可能还要多长时间才能到，或是迷路了需要帮助等情况。而"睡过头了""出了点状况"之类的事等到见面后再说也不迟。

刚进入公司时，我也曾因为睡过头而耽误了见面时间。经理打过来电话时，我还在睡觉。

"现在在哪里？"

"现在在家，马上起床。"

"开什么玩笑！"

我已经做好被痛骂的准备了，但经理接下来的话却很平淡：

"不能一副睡过头的样子去和客户开会，你先不要来客户这里了。先去公司，之后听你解释。"

后来，经理会见客户后回到公司只是批评了我一句"以后不要睡过头"，接着把跟客户商定的议题给我，向我做了下一步工作的指示。

只有明确"为什么"，才能了解问题所在

直接坦率地回答问题，可以促进沟通，从而明确问题所在。因为对方会不断地追问"为什么""原因在哪里"。

1　东京的地铁站名。——编者注

"分析出来了吗？"

"还没有。"

"为什么还没有？"

"没能达到预期的分析结果。"

"怎么回事？"

通过回答"怎么回事""为什么"，会让沟通顺利进行，潜在的问题也会显现出来。

> 首先明确地回答是 Yes 还是 No，接下来进行附加说明，回答对方的问题。

我认为很少人会因为听到"还没做出来"就发飙。毕竟没有进一步了解情况就无法做出判断，因此直率地回答 Yes 或 No 反而不易惹人生气。

"还没有做出分析图表，问题出在哪里？"

"虽然想做图表，但是数据本身有问题，无法统合。现在我正在修正数据。"

"什么？数据有问题？要花多长时间？"

"大概要用一周。"

"那就太晚了。本周内就要做好分析。一周的话时间有点长，我找人帮下忙,两天能做好吗?"

像这样,从回答 Yes 还是 No 开始,逐步深入,就可以了解问题所在,从而进行有建设性的沟通。

> 坦率回答问题,明确目前状况。

遇到问题时,提出解决方案

当上司让你去做很难完成的任务时,坦率地回答 Yes 或 No 也同样适用。

比如,上司要你明天完成某项工作。虽然知道这个工作必须做,并且自己也可以做到,但是如果要明天提交的话,明显当天晚上要通宵工作。所以这个指示对自己来说有些困难。在这种情况下你该怎么回答呢?

首先对这个指示表示不满吗?

其实回答问题就是坦率地说 Yes 或 No。

比如说你可以回答:

"可以。不过一个人忙不过来。如果再来一个人帮忙,两个人配合的话就能在明天完成。"

这样的回答既清晰明确又能及时推进工作,不会显得拐弯抹角。同时上司也会考虑找人帮忙。

因为上司的目的只是想顺利推进工作。

即使面对上司或客户，有错误时也要直接指出

"Talk Straight"还意味着：即使很难开口，但是发现有问题时也要直率地指出。

上司说的话也不能尽信，如果发现错误就要明确指出。

如果朝着错误的方向推进工作，一定会碰壁。即使当时没有指出，那么之后也会被人诟病为什么早知道有问题却没有提出来。

明知有问题却不说，这在私人的人际交往方面有时是不错的选择，但是放到工作上，很多情况下会影响别人对自己的信任。

> 即使对方是上司或客户，必要情况时难以开口的话也要直说。

有时坦率地提出意见会被认为是不识时务。即便如此，直接坦率地提出意见最终才能赢得他人信赖。

当然，当利害关系相互对立，一方得益必定使另一方受损（这个称之为零和博弈）的情况下，采用敷衍、搪塞、欺骗的手段

会更有效果。一些关于谈判的书籍中也有很多针对零和博弈的策略。

但是在实际工作中，那些能够和他人合作，让一加一大于二的人才会受到赞赏。因为大家追求的是同一目标，没有必要拐弯抹角。只有坦率直接，才能成功。

> **公司内部沟通时不要拐弯抹角。**

03 用数据、事实说话

重要性 ★★★　　难易度 ★★☆

进入咨询公司后，即使是在入职第一年，也有很多机会接触到比自己年长且经验丰富的客户。为什么可以做到这一点呢？就是凭借**用数据说话**。在咨询项目中，负责对接咨询公司的人一般是客户公司中有一定职位的人，而且主要负责人都是董事或部长级别，年龄大多在 50 岁左右。到现场跟我接触的科长或领队多是 35～40 岁。总之，在当时还是新人的我看来年龄都很大。

咨询公司新人也是作为一个战斗力被派到经验丰富的客户面前，尽可能和他们一对一地沟通。为此，事实依据是必要的。这个事实依据是什么呢？

在无法撼动的"事实依据"中，要用数据说话

事实依据就是指真实的案例或数据。换句话说就是**谁也无法动摇的事实**，而不是自己的经验和漂亮话。**最能代表事实的是"数据"**。数据是谁也无法撼动和否认的，用数据说话最有效。

当新人时期即将结束时，我明白了：一个毫无经验的咨询

师唯一的武器就是数据。

假如"世界通用语"存在的话，它应该不是英语而是数据。而且不是艰涩难懂的数据，而是销售额、出货量、成本、利润率等简单的数据。

我在新人时期曾被派去参与以"提高销售效率"为课题的项目。至此，我才有机会和客户一对一地沟通。这次机遇是源于我对某公司营业人员的行为得出的数据分析。

营业员究竟应该去拜访哪些顾客呢？

自然是那些经常照顾公司的老顾客了。说得明白一点就是那些"有大量预算，并实际上准备购买公司产品的顾客"。

那么，公司的营业员有没有认真地去拜访这些顾客呢？

道理上应该定期去拜访的，但实际如何呢？这需要用数据来证明。

当时经理指示我去分析这些数据。这个工作要踏踏实实做，是典型的新人咨询师需要完成的工作。

首先是收集销售部门的每日工作汇报，整理汇总谁去了什么地方、有过几次拜访，然后拿出实际的销售业绩与市场分析，以及公司提供的市场规模数据等资料，和之前的汇总做对比。

从最后分析结果发现，该公司的营业员频繁地拜访那些已经使用该公司产品的顾客，而拿不出足够的时间去拜访那些有预算却没有谈妥的顾客。

这正是部长想要了解的。其实，部长对于自己公司销售人员的工作情况怎么样心里都有数。虽然隐约地感觉到问题，但是没有实际数据去把握现状，没有让人信服的"证据"。因此咨询师就做了相应调查，事实也正是如此：**营业员经常去的不是有预算的地方，而是容易打交道的地方。**

> 将一些凭感觉想到的问题落实在"数据"上，变成清晰明确的"证据"，更容易让人理解和信服。

部长看到分析数据，发现自己的直觉被实实在在的数据佐证了，对调查结果表示非常认可。毋庸置疑，这个结果对公司员工来说自然是很大的震撼。但是数据证明的事实，谁都无法否定怀疑。员工们即便有点不情愿，也只能接受。

随后，我们在客户公司内部说明改革的必要性时，这些分析数据成为了重要的引用资料。（当然，向客户公司的部长报告该分析数据的不是我这个新人，而是当时的经理。）

很多人对这种数据分析产生了兴趣，还有人问我是否能做一个简单的系统来迅速获取我分析的数据。我也确实制作了这样的系统，该系统也成为后来构建全面市场分析系统的契机。从此，我开始负责收集和分析市场相关数据，上司也第一次在客户面前介绍我是数据分析的负责人。

当时的我只是一个新人,既没有什么经验,也对经营管理一窍不通。但当我将客户没有明确把握的现状用数据呈现出来后,上司便认可了我的价值和能力。

数据才是新人的武器

无法撼动的事实,是新人最有力的武器。

比如说自己感觉到公司内存在效率低、工作安排不合理、无用功等问题,想要改善这些问题。

此时,如果只说:

"○○效率比较低。应该改善这个情况,我们要有危机感。"

对方一定不接受。即使鼓吹危机感也只会起反作用,别人会觉得"一个新人怎么还敢这么颐指气使。"

因此,越是新人越要抓事实。

即便是新人,如果建议符合实际,大家也会认真倾听。

主观意见可以不认同,而客观事实却不得不正视。

自己发现有问题时,首先要收集实际数据。这时不要笼统地收集,而是详细、具体地收集。

比如说，就像街头调查员拿着计数器统计出来的数据，这种并不是在网上、在报上看到的数据，**不实地统计就无法得出的数据才是最有效的。**比如：

谁做了什么事情，做了几次？

哪些东西，在什么时候，被使用了几次？

去收集统计这些数据吧。这时候才应该用计数器做现场调查。

只要你统计的数据有价值，它至少不会被完全忽略。并且这些踏踏实实的工作也是新人应该做的。

> 毫无经验的新人职场的唯一武器就是数据。
>
> 只有独一无二的，自己独立统计的数据才是有用的数据。

04 用数据、逻辑说话

重要性 ★ ★ ☆　　　难易度 ★ ★ ☆

和有不同文化背景的人共事，让我再次体会到了数据的重要性。

在全球化的时代，**以世界为工作舞台，和外国人共事等变得愈加重要。**

可是令人遗憾的是，日本人和不同文化背景的外国人共事起来并不那么顺利。或是日本式的工作方法有问题，或是双方沟通有偏差。那么，如何才能顺利地与外国人共事呢？

我在入职培训中发现了解决这个问题的线索。现在想起来，对于一个刚刚步入社会就有此体验的新人来说，如果不在咨询公司的话，根本不会有如此幸运的事。

我当时所在的咨询公司是外资企业，入职培训都在国外进行。培训地点在美国的芝加哥，具体位置是距离芝加哥市区一小时车程的郊外。那里原本是大学校园，后来被公司收购土地改造为大型培训中心。我在那里住了两个星期。和我同期的，并来此接受培训的还有来自世界各地的咨询新人们。

我所在的团队大约有 8 个人，其中有 4 个日本人，其他人分别来自不同国家。他们大多来自美国或加拿大，也有人来自以色列或南非。

在跨国企业中，来自不同国家、有不同文化的人聚集在一起工作是不可避免的。当然，从生活习惯、毕业的大学、审美意识，到对时尚的理解，甚至对玩笑的感觉都天差地别。

结果就是双方沟通时感到话不投机；工作时无法合作；聊天时驴唇不对马嘴——局面很糟糕。包括我在内，日本人的英语不太好，甚至谈不上流畅。但是我们同属于这个团队，必须互相沟通，解决团队的研修课题……

我们这个跨国团队的课题是一个案例分析——制定某个罐头公司的事业战略。也就是将问题点汇总成逻辑树将其结构化，利用公司和市场的数据进行分析，最后发表演讲。

它本身是非常好的解决问题的训练。但从15年后的今天来看，我认为更加重要的是学到了与不同文化背景的人一起共事的方法。

世界的通用语言是逻辑和数据

在跨国企业里，每个人的思维方式和习惯是千差万别的，这是在跨国企业工作的前提条件。这种差别称为多样性（diversity）。

不要将自己国家的文化灌输给所有人，**而要将无论哪种文化背景的人都认可的理念作为团队的基础。**

用日本人特有的说话方法无法沟通，南非式的工作方法也无法立刻掌握。

那么，究竟什么才能获得不同地域、不同文化背景的认同和理解呢？

那就是逻辑和数据。即使不会英语，不知道对方在想什么，通过逻辑和数据也可以传递信息。

在培训的时候，母语是英语的人总是积极活跃地讲话，语速快得让连我在内的几个日本人都跟不上。但是我很快就意识到，**能够流利地说英语本身并没有什么意义**。

接着，经过思考，我用笨拙而简单的英语，认真地说出了自己的意见。"我认为，这个公司的数据是这样的……因此，比起选项1，选项3要更好。"

虽然我英语说得很不地道，只有初中水平。但是我用数据向他们表达了自己的意见。

"完全正确。你太厉害了！"

受到称赞，我才意识到：

我来这里不是为了文化交流，而是为了工作。只需要直截了当地用逻辑和数据讨论问题就可以。

能够流利地说英语本身没有价值。有逻辑和数据就能沟通。

人们通常认为,"在多文化的环境中工作时,需要理解对方的文化"。在沟通时,理解对方文化的确非常重要。但当需要理解的文化有四五种时,就根本无从下手了。

而在这种环境里,共事的关键就在于有意识地避免容易产生文化差异冲突的高层次交流。这种不依存于文化背景的交流称为"低语境(Low context)"。

比如说,好莱坞电影被认为是低语境。

也就是说,好莱坞电影呈现的内容和意义是全世界都能理解的爱、家庭、正义等。

不过,行家喜欢的电影就是高语境(High context)。观看这些电影之前需要了解电影内容相关的背景和文化知识等。如果不了解的话,观众就会看得一头雾水。

比如说,有部电视剧讲的是在日本企业年功序列制的背景下,属下向自己的上司残忍复仇的故事。毫无疑问,这是一部优秀的电视剧作品。但是,能够欣赏这部电视剧的只有那些曾在传统日本企业里工作过的一部分人。有过这种工作经历的人会感到非常有趣,但是没有这种经历的其他群体无法理解其内容含义。

这种情况在每个国家都会发生。美国人、南非人、加拿大人和以色列人能完全理解彼此从一开始就是不可能的。因此,在跨国团队中工作时,本来就不用去适应其他文化。

不同之处、难理解之处不用勉强去适应，顺其自然即可。这才是文化多样性的本质所在。在承认这一点的基础上，寻找大家都理解的共通语言，利用这种语言交流。在商务场合里，这种语言就是逻辑和数据。

> 跨国团队中与人共事时，
> 不同之处、难以适应之处不用勉强适应。
> 要用大家都理解的共同语言——逻辑和数据去沟通交流。

在日本企业工作时，也要学会利用逻辑和数据沟通

从我开始接触文化多样性到现在，一转眼已经有15年之久了。终于，日本也开始面对这一问题了。

比如说，不同年龄层之间的代沟就是多样性的表现。新入职的年轻员工和经历过泡沫经济时期的老员工，还有更年长的人，他们的思维方式、工作经历完全不同。

他们对于工作的想法不同，对未来的期望不同，就连判断事物重要与否的价值观也不同。

虽然人们常打着多样性的旗号讨论女性群体和外国人的就职环境，但其实文化**多样性的本意是承认不同文化背景的人的不同之处**。

在日本社会中，要求所有人思想一致，符合过去的价值观，或是一致符合新的价值观，总之就是所有人都要统一，并且大家也认为能够统一。

但是在文化多样化的当今社会，即便是日本人之间，他们的工作方法、价值观等也很难做到一致。认识到这一点不是对每个人都有好处吗？

我们只需提出一些全员都理解、接受的低语境型规则或标准，用逻辑和数据沟通交流。上一章介绍的明确坦率地讲话（Talk Straight），也有助于促进沟通。沟通交流方式要向跨国公司看齐的时代已经来临了。

即便是日本企业，要求公司全员持有相同文化背景也是完全行不通的。

要提出一些全员都理解、接受的低语境型规则或标准，用逻辑和数据沟通交流。

从结论出发，明确坦率地讲话。

05 逻辑先行

重要性 ★★☆　　难易度 ★★☆

前几节,我们介绍了用逻辑和数据讲话的方法。于是,有声音反驳说,真正能打动人心的不是大道理而是真感情。

诚然,即使是给人一种理性、冷静的印象的咨询师,在成为老手后,有时候也会用诉诸情感、吐露心思等方式来沟通。**那些具有一定的说服力,并且可以真正驱使他人主动行动的话都具有很强的逻辑性和深厚的情感内涵。**

即便如此,我还是要在这里不厌其烦地强调"逻辑的重要性"。如果年轻人问我逻辑和情感应该哪个优先,我也会回答要优先掌握逻辑。

这次接受我采访的安永咨询公司[1]的咨询师奥井润也说道:

"新人首先要学会有逻辑地说话,**通过情感或热情打动人的方法等真正熟悉了工作后再用也不迟。**"

为什么呢?因为"客户非常聪明。"

---

[1] 国际知名咨询公司之一。——编者注

只要说话符合逻辑，上司就会认真倾听

那些在企业第一线的商务人才，即便工作方式看起来很传统，也远比年轻人想的要更加理性、更加有逻辑。只要你想用热情来推动某些不合乎逻辑的工作，或试图诉诸情感，让人认同不明确的意见，他们一眼就能看穿，并且不再信任采取这种工作态度的人。

如果说的话没有逻辑，对方连听都不会听。

如果在理论上敷衍了事而过度诉诸感情和热情，对方的经验越是丰富，沟通就越不能如愿以偿。

大企业自然不用说，不管企业的规模有多么小，**职位越高就越是重视用数据来看问题，做出理性判断。**

管理层的人一定比任何人都重视业绩。因此，即使讨论很艰难，只要是合乎逻辑、能和业绩挂钩的方案，他们都会认真倾听。

责任越大，越要区别数据与个人情感。

当然，为了让自己的方案获得认可，在提供一个有逻辑的方案的基础上，确实需要感情丰富，热情积极。但这是作为咨询师最终要达到的目标。**如果方案的逻辑混乱，根本不会有人听，**连站在起跑线上的机会也没有。

> 职场新手,不要考虑做诉诸感情的方案。
> 初出茅庐的年轻人如果说话没有逻辑,连站在起跑线上的机会也没有。

06 让对方听得懂

重要性 ★★☆　　难易度 ★☆☆

想必读者已经明白了逻辑对于新人的重要性。

然而，即使明白逻辑的重要性，也有人不会选择用有逻辑的表达方式向对方传达自己真正的想法。虽然可以按照 PREP 模式从结论开始说，但是依然无法让对方理解核心内容。

在撰写此书时，我倾听了许多咨询师的经验，其中有几位将"能让对方明确理解的说话技巧"放在技能的首位。并且说为了掌握这个技能，自己刚进公司时花了不少精力。

那么，现在我就给大家介绍这个让咨询界的前辈们下苦功去掌握的"让对方明确理解的说话技巧"。

以对方"毫不知情"为前提，构建逻辑，组织语言

首先，在说话之前，要厘清所表达内容的逻辑。咨询师奥井润告诉我们，可以事先尝试向对内容完全不了解的人解释说明自己的想法。

比如说试着向自己的家人说明："这个是我的目标，为达成这个目标而提出这个方案，希望按照这种逻辑获得上司的认

可，用这个流程能不能解释清楚？"

因为对方是对内容完全不了解的外行，所以也就不会在细节处纠缠。我们需要他们帮忙看的不是细节，而是**整体的流程是否容易被人理解，逻辑是否通顺**。

在很多时候，恰恰是因为外行人没有相关的知识背景，才能帮我们发现逻辑上的问题：

"这么说是为什么？"
"如果这样的话，就应该提前说清楚。"
"既然目标是这个，那么这些内容最好放在前面。"

当局者迷。有时咨询师也会从家人那里得到一针见血的指摘。

> 向没有背景知识的人说明，试着让他们理解。

向家人等外行试着说明时，我们发现，有时那些对于我们来说是常识的东西，在别人看来却并非如此。

当初，我在理解和实践这个技能时吃了不少苦头。我想当然地认为这么简单的东西对方一定知道；解释这种低级问题会惹对方生气；说点稍微有难度的问题，对方听着也满意，所以总是一不小心就提高话题难度。

记得我第一次参加逻辑思维研讨会时，自己的表现糟糕透顶。会后的调查问卷中写满了参加人员的不满，"完全一头雾水""能不能简洁易懂地说明"，等等。之后，那个客户再也没来找过我。

我深受打击。从此，我一直把**"对方对于议题内容一无所知"**作为自己讲话的前提。

> **自以为是并没有益处。即便对自己来说是常识，也要以对方完全没有相关知识为前提，从零开始讲。**

换句话说就是从零说起，从零说起就是从"最基本"的内容说起。

比如说，"预先注册应聘""应聘申请书""小组面试"这些词语对学生来说很熟悉。一般学生之间说话时，会觉得谁都知道这些词语，但是事实上并非如此。如果你向不是学生的人解释找工作的情况时，就应该从基础开始讲：学生就业流程一般分为"预先注册应聘""正式注册应聘""提交应聘申请书""笔试""小组合作讨论""单独面试""最终面试""录取"等 8 个步骤。

边说边揣摩对方的理解程度

"以对方毫不知情为前提架构好了谈话内容！万事俱备了！"当我们抱着这样的心理开始讲话时，还是会担心：自己的意思对方真正理解了吗？这么讲，对方真的明白了吗？

如果在讲话中，发现自己的想法对方没有理解，那就要当场补充内容，充分做出解释。

如果对方当场提出某些地方还不理解，或是对谈话内容提出问题还好办。但许多人似乎认为中途提问不礼貌，即使不明白也不会当场提出来。实际上，很多时候是对方看起来好像是理解了，但实际上一头雾水。

某个咨询师回顾说，自己刚进公司时，拿着准备好的材料按照自己的节奏滔滔不绝地讲，讲完之后也没有人提问，他就以为大家都理解了。

演讲人通常认真地准备资料，因此很容易就认为"自己逻辑合理，资料齐全完备，对方肯定可以理解"，结果就会按照自己的节奏自顾自地讲下去。

但是在很多情况下，听众跟不上讲话者的思路，甚至**不知道自己不理解的是什么，只能"闷不作声"地坐着。**

如果听的人都不提出问题，不要以为他们理解了，而要意识到这就是他们不理解自己讲话内容的信号。

> 不提出问题不代表完全理解，而是预示着不理解。

观察对方的动作，揣测对方的理解程度

除了看对方有没有提出问题外，还有其他方法可以推测对方的理解程度。

首先，从最基础的部分开始讲起，边讲边观察对方。如果对方不住点头的话就可以进一步往下讲。如果对方了解基础部分的话，就可以把那部分省略掉，直接进入下一步。

推测对方的理解程度时，需要不断观察对方的动作，比如说对方翻看资料的速度。如果你讲完这一页资料要进入下一页时，如果对方还在不时地翻看这一页的话，就说明他有不理解的地方。

而那些迅速翻看资料的客户说不定觉得现在的解释有点无聊，想让你迅速地说明要点。

此外，如果他不看正在说问题的自己，却看向了旁边的人，

这也是没有理解的信号。翻看前几页的内容也表示他不理解。

另外,"大致理解了""大概听懂了"等类似的反馈其实和"完全不懂"是一个意思。

这不是一蹴而就的问题。要在平时有意识地捕捉对方表现出的理解程度的信号,从而调节自己的语速,做到张弛有度,并深入说明难以理解的问题,学会随机应变。如果这样做,你也能成为当众讲话的高手。

不理解的信号

①自己开始讲下一页资料时,对方却在翻看这一页

②对方不看向自己,而是看向旁边的人

③含糊地反馈自己"大致理解了""大概听懂了"等

07 配合对方的步调

重要性 ★ ☆ ☆　　　难易度 ★ ★ ☆

让对方理解自己要表达的内容,这不仅在做演讲等"说话"的场合很重要,对于资料制作来说也同样如此。如果提交的报告或企划书对方无法看懂,那就没有任何意义。如果自己的想法不能被客户接受和认可,那就是工作上的失败。

传递信息的一方即使自认为"信息传递完毕",如果对方没有理解、接受和认可的话,也不算成功。只有对方真正地理解并接收了信息,才称得上成功。

传递信息时要完全配合对方的步调

前面所介绍的咨询师奥井润有一种"终极的"信息传递法,下面我给大家介绍一下。

传递信息时要完全配合对方的步调。

奥井润先生当时撰写的调查报告不仅客户自己要使用,客户还要拿着这份报告向公司其他部门说明。也就是这份报告还要充当客户公司的内部文件。

在这种情况下,他便彻底分析了客户过去做的资料,分析出其中的说明顺序、报告流程等，找出客户公司的内部资料的特征，了解客户公司的思维方式。然后按照客户公司的思维方式，尽量做出相同样式的资料来。

不仅如此，目录的添加方式、使用的字体、颜色等格式也都和客户公司的资料格式保持一致。

并且他还预想了客户在公司内做说明时的具体环节：什么地方按什么样的顺序说，什么地方用什么比喻，等等。

当客户看到他拿来的方案初稿时，连声惊叹："居然做到这种地步。咨询师能做到这么仔细啊！"客户对于内容自然是都理解了。

终极信息传递法

完全按照对方的步调来，

研究并效仿对方的用词、思维方式和表达习惯，

文件要遵照客户惯用的格式编写。

只有对方理解了，才算得上真正"成功传递信息"。

因此，有时候连对方的措辞、思维方式也要去分析、模仿。

遵照对方用语，明确内部用语、外部用语

要做到遵照对方的步调，配合对方的情况，熟悉对方的用语也十分重要。

进入公司后最先应该知道的就是公司内部用语和行业内部用语。同样，在商业谈判时，了解对方公司用语也非常重要。

因为公司内部用语反映了公司独特的思维方式。

在入职的第一年，首先要理解自己公司的内部用语，同时要知道这些内部用语是否在公司外也适用，从而明确区分公司内部和外部用语。有意识地区分两者，客观地审视自己和他人的思维方式。

具体来说，第一次听见某个陌生用语时就要确认：

"这是我们公司内部的词语，还是广泛适用的词语？"

需要注意的是，有时普通用语在公司内部使用时会有特殊意义。

比如，我刚刚在咨询公司任职时，"job"被认为是咨询项目。一般来说"job"是指工作。其他公司的人绝不会认为"job"是指咨询项目。

这个词汇完全是那个公司的特殊用语，甚至在咨询行业内部也不通用。其他咨询公司一般用"计划（project）"，或"个案（case）"等。

创业人才、企业家辈出的著名公司也有其独特的措辞方式。公司将"customer 和 client 两者都作为顾客的意思使用"，在日常工作中也是如此表达。

customer 一般是指普通消费者，也就是在商店购买商品的人群。而 client 是指商店，也就是为消费者提供商品的企业。client 的称呼与一般消费者有区别，在此基础上分别为两者提供价值、获取收益。

和这些公司打交道，如果你知道对方是如何使用"job""customer""client"等用语，并且能够使用这些词交流的话，相信你们的沟通会非常顺利。并且，如果进一步思考为什么将两者分开使用，就能理解对方公司的价值观。在沟通时就是要做到配合对方的步调，配合对方的情况去表达内容，传递信息。

> 遵照对方用语，明确公司内部用语、外部用语。

当不了解什么是公司内部或外部用语时，可以及时上网搜索，这样就可以马上知道该用语的一般使用方法和使用场合。搜索用语很容易，因此要将所有的用语都查一遍，做到一丝不苟。

08 充分理解对方的期望值

重要性 ★ ★　　难易度 ★ ★

在本章的末尾，我想把难度稍稍提高一点。虽然有点难度，但是非常关键，所以纳入这个章节。

"在商务场合上最重要的是什么？"

如果你面对这个问题，该如何回答？

它不是关于工作的意义、金钱等个人因素的问题。

而是问你如何才能经常获得别人的好评和信赖，如何才能赢得下一次合作机会。

在采访中，我问了很多咨询师这个问题，他们所有人的回答居然惊人地一致，估计大家可能没怎么听说过。

他们的回答是：

"不断地超越对方的期望值。"

不断地超越对方的期望值是商业的基础

"商务合作其实就是不断地超越对方的期望值；不断地超越顾客或消费者的期望值；不断地超越上司的期望值。"

这才是商业经营的最大秘诀。

具体是怎么样的内容呢？

我将用某个咨询师在新人时期的一段印象深刻的经历来说明。

"我什么时候让你做这个了！"

在入职的第一年，经理对他大发脾气。而理由是"他的工作太细致了"。这听上去可能有些莫名其妙，但经理就是因为这个对他发脾气了。

到底是怎么回事呢？

刚刚进公司时，他被分到一个项目组，负责计算某项服务的市场规模。

这个工作其实很简单，客户最终只是想知道这个服务的市场规模金额。他的任务就是正确而科学地算出结果。

但是，他本着服务客户的精神，除了市场规模的数据外，还重新整理了对相关人士的访问记录，并且细心地将其汇总，忙得连新年都没顾得上休息，工作非常积极努力。新年过后，当他拿着牺牲假期整理好的文件交给上司时，上司却对他大发脾气，于是就出现上文那一幕。

"我什么时候让你做这个了！我就是让你去尽快算出市场规模。你做的完全是无用功。过年时也没休息，要是你工作过度累趴下了才得不偿失呢！"

他说自己深受打击，没想到自己和上司的思考方式完全不同。确实，客户要求的是计算市场规模。

如果自己向着提高数据准确度的方向努力的话，一定会受到赞扬。但是和客户要求无关的免费服务，在客户看来，其实有没有无所谓。如果站在客户的角度考虑，就能明白。

别人没有要求的工作，即使费时间做了也不会受到客户和上司的好评。

> 首先是正确地理解对方真正想看到什么。

经常给出超越对方期望值的成果

咨询行业基本上是个服务行业。听取对方的需求，并采取相应的行动是这个行业的基础。因此最关键的就是充分把握客户想要什么。

把握客户期望的是什么，然后给出超越客户期望值的成果，这就是商业。

拿刚刚的例子来说，客户最想要的就是"市场规模的数据"，并不关心其他问题。那么，如何才能给予客户"超值成果"，

041

获得客户的满意呢?

市场规模数据上要给出完全准确的答案。这是最低限。

如果只是给出 90% 的答案,那就是失败。

即使赠送的附加品再多,整体评价也不会很高。

反过来说,只要在市场规模的数据上给出完全准确的答案,即使没有一丁点儿其他的东西客户也不介意,因为那不是他想要的。

充分了解对方的期望目标和期望程度,绝不偏离。
不断给出超出对方期望值的成果。

"对方的需求,对方对每一项服务所要求的质量都要细致地把握。商业就是不断地给出比对方期望值稍高的成果。"

"把握对方期望值的水平,绝不偏离这个期望值。并且拿出 120% 的结果。"

很多咨询师的商业秘诀就是**预测客户的期望值,在最关键的地方给出超出客户期待的成果。**

不能满足对方的期望就不要轻易许诺

要想正确地把握对方期待的目标和程度,与对方充分沟通尤为重要。

有时候,需要让对方对期望本身做出调整。

也就是请对方降低自己的要求。

> 有时需要降低对方的期望,对自身要求做出调整。

比如,对方希望自己的每个要求都要被完全满足,或是要求在不符合日程和成本的前提下交出远超公司资源的成果。

这时候决不能轻易做出承诺。商务合作的基础就是要拿出超越对方期望的成绩,所以当预先知道无论多么努力都无法做出超值成绩的时候,就不能承诺了。

而在这种情况下,就要通过事先沟通,让对方降低对次要部分的要求。这就是对期望值的管理。

09 超越上司的期待

重要性 ★★☆　　难易度 ★★☆

上一节，我介绍了如何把握期望值。再来复习一下。

> 商业简单来说就是：
>
> 不断超越对方的期望值；
>
> 不断超越顾客和消费者的期望值；
>
> 不断超越上司的期望值。

在这几条之中，对于年轻人，特别是对于进入公司第一年的新人来说，"不断超越上司的期望值"非常重要。当然，上司要求的工作要全部完成（事实上很多人连这一点都做不到），每天哪怕比要求的多做一点点，日积月累，就能以惊人的速度成长为一名真正的商务人士。

因此在本章的最后，我们就来谈一下为了拿出超越上司期望的成果，在工作中必须掌握的基础事项。

在报告·联络·商谈之前，先要明确上司的工作指示

很多公司对新人的第一个培训就是"报联商[1]"，即报告·联络·商谈的略称。

实际上对这个报联商也是智者见智，仁者见仁。有人觉得"报联商是商务工作的基础，应该认真地执行"。也有公司因为这个和业绩没有直接联系而不认可这种做法。

我认为，如果仅仅为了实现信息共享的话，确实没什么用。不管大小事都来个"报联商"的话，上司只会觉得麻烦。

报联商的根本目的是**让上司和属下对于工作的目的和内容达成共识**。

因此，作为报联商的基础，我们在接受工作安排时，应该向上司确认哪些内容呢？下面我就列出几个关键点。

①这项工作的背景和目的
②具体的工作成果目标
③质量要求
④优先顺序和紧急程度

---

[1] 在日文中为"報連相"，是日文"報告""連絡""相談"的简称。——译者注

认真确认这4个关键点，才能正确地把握上司的期待，明白如何才能遵照上司要求完成工作。

我依次说明一下。

确认工作的背景和目的

首先要确认这项工作的背景和目的。即使工作只有一项也要仔细确认。也许有些上司会嫌麻烦，交代得很简单，事前确认好就可以避免误会。

比如说上司安排让你负责某个调查，有时候虽然做了调查，但找不到直接相关的结果。这时如果事先了解调查的目的和背景，就可以提交满足目的和背景的其他调查结果或案例。

明确工作成果目标

很多工作指示比较模糊。正因为如此，如果能问出上司想要的是什么，想要什么水平的成果，那么工作就成功了一半。比如上司说："先大致调查一下A公司的新服务。"

这个指示很不清楚。而这时如果回答"是的，我大致调查一下"的话，就大错特错了。如果你的"大致"和上司的"大致"不一样的话，恐怕之后不仅受批评，还要返工重做。

但是如果你回答"大致？请您再进一步指示好吗"的话，也是大错特错。这种回答只会让上司觉得你是个没有解决问题的能力，不推就不走的人。

其实，正确的回答就是**补充上司模糊不清的部分，从自己的角度做出假设，与上司沟通**。

比如说："您说的大致调查，我个人觉得应该可以从主要市场目标、服务特征和其与竞争对手的区分度、价格体系、供给体系这四个方面入手。我打算这四项每项总结一张，一共五张资料可以吗？"

每项总结一张，包括封面一共五张。其中用数字表示也是非常重要的。这种沟通能够让双方看出成果的轮廓，是一次成功的沟通。

通过询问推测对方要求的质量

"质量"与期望有最紧密的关系。

在刚才的沟通案例中，员工说每项内容需要一张资料。一张资料只能传达一个概要。

这时候如果上司说："不，每项要三四张吧。"那么，他之前所说的"大概"就是指对每项内容也要做出细致调查的意思。

另外，也可以询问上司项目数量。分成 4 个项目可以吗，还是分 10 个详细调查？这样可以了解上司要的预期的工作完成度。

并且，通过资料的用途也能推测对方所期待的完成度。是提交给客户的吗？还是公司内部开会用的？或者是上司用于参考的？不同的目的，所要求的完成质量不一样。

从速度要求也可以推测对方的期望程度。是要花时间做出完全正确的资料，还是为了赶上明天的会议而要保证完成时间？

也就是说，是需要花费三天时间准备 100 分的资料，还是需要花费 3 小时制作 60 分的资料？如果这些都没有事先确认好的话，就无法满足上司的要求。

在明确对方的期望的基础上，拿出超出期待的成果。

优先考虑时间的话，无论发生什么都要守时。

明确优先顺序和紧急程度

最后一个问题是"速度"。明确优先顺序和紧急程度对于能否实现对方的期待非常重要。

比如说时间很紧急，有一份资料明天必须交。那么按时提交是最关键的。过了截止日期，即使提交的资料完全正确，也完全没有意义。

资料要在多长时间内提交？一天之内？三天之内？一星期之内？还是什么时候都可以？

另外，截止日期是绝对的吗？如果过了截止日期这份资料就没用了吗？还是截止日期只是一个为了让你完成工作的参考期限？

还有，如果手头上有其他安排的工作或是日常工作的话，要确认应该优先做哪个，尤其是当你同时接到来自不同部门的工作安排时。如果你无法判断，就要请上司之间做出协调。这种情况下，**新人不能擅自判断工作的优先顺序**。

指示的发出方和接受方要达成共识

确认以上四项，如果有模糊的地方就要相互沟通，并达成共识。这是把握期望值，或者称之为期望值的"管理"。

这不仅是对属下来说很重要，对安排工作的上司来说也很重要。为了避免属下花时间做出的资料变成废纸，上司要基于以上四点做出明确的指示。

如果一个人在新人时期就能和上司之间互动，完全做到这四点的话，那么他在面对公司以外的人时就能游刃有余。不过，客户和上司不同，他们不会每一项说得一清二楚，或者他自己也不清楚。这时我们应该主动与客户沟通，并确认。

"期望值管理"听起来好像只适用于咨询师或销售人员，但其实对于技术支持、客服等直接和客户打交道的人自不必说，

049

对于总务、会计、秘书、助理等面向公司内部员工服务的人来说也是基础中的基础。

任何工作都需要与人的沟通。要把握对方的期望值，并不时地给出超出对方期待的答案。

这样做，可以提高别人对自己的评价。管理好期望值，交出满意答卷而不做无用功，从而提升工作效率。

> 无论是发出指示的上司，还是接受安排的属下，都要明确以下四个要点：
> ①工作的背景和目的
> ②具体的工作成果目标
> ③质量要求
> ④优先顺序和紧急程度

第 2 章

逻辑思考技巧

10 思考方式

重要性 ★★☆　　难易度 ★★☆

思考方式是推进工作的基础。

也就是说，着手工作时，在最开始并不能盲目地工作，而要有顺利达到目标的"**方法**""**思考方式**"和"**步骤**"。

乍一看这么做有点绕远路，但磨刀不误砍柴工，只有做好这一步才能高效地推进工作。

就我自己来说，在进入咨询行业前，在日常生活中做一件事情，也会考虑步骤。不过大多只是在脑子里大致想一下。把计划落实到笔头上，并且向别人说明，这是我入职后初次做项目时的事了。

也就是说，我在咨询公司学到的第一个技能就是"思考自己的思考方式"。

工作前思考工作顺序

当时，我参与的是某所学校法人（大学）的行动支援项目。项目主题是招生这一市场开拓型项目。总体计划已经完成，下一步就是为了学校更好地开展具体活动而进行支援。

这是我作为新人初次参加的大型项目——可能这也是培训的一环——我负责很简单的资料制作。内容主要是整理目标高中的走访日程。

具体定下来的是"走访一百多所高中",吸引这些学校的高三学生来报考该大学。我最开始的工作就是制作高中的走访日程表。

"好!交给我吧!"我轻易地答应下来,并且马上开始做访问日程表。我找来地图、高中学校名单等,本来想调查一下电车时间,才发现还没确认是乘电车还是汽车去,于是去问经理,结果经理说:

"大石,这可不行啊。**不能一下子盲目地开始,要先考虑思考方式。**"

不能一下子就开始工作?

考虑思考方式?

这是什么意思?我一头雾水,感觉有些尴尬,便直接对经理说:

"不好意思,我不太懂您的意思。"

于是经理耐心地给我解释了什么是考虑思考方式。

考虑思考方式,就是**思考用什么思路才能得到结果。**

也就是说,先思考工作的方法,然后再实施。

现在这些事情看起来理所当然，但对于当时的我来说却是醍醐灌顶。

比如上文的访问日程表——什么样的工作安排才能保证做出来的日程表上没有疏漏？在做日程表之前，要先明确工作顺序。

就是说，**在拿出最终成果获得对方认可前，要先让对方同意自己的工作安排。**

> 在着手开始工作前，首先要考虑好用什么思路才能得出结果。
> 要在方法和步骤获得同意之后再行动。

拿盖房子来说吧，在动工之前，要先向委托方提交包含有建造顺序在内的详细工程图和工程表。在得到委托方的同意后才能开始施工。

一旦开始施工就很难改变设计，一般情况下是不能走回头路的。

和盖房子相比，访问日程还有改动的余地。但作为培训的一环，在制作日程表之前也要有所计划，确认步骤。这就是经理想要告诉我的事吧。

访问日程表的制作步骤，具体方法如下：

- 大致搜索目标高中都在哪些区域，每个区的大致数量是多少
- 分区估算平均一天可能访问的数量
- 计算出必要的访问天数
- 讨论大学是否能按照该日程做准备（和大学方面的负责人一起开会探讨）
- 如果可以的话那就没问题。如果不行，进一步安排所访问高中的优先顺序
- 做出明细，落实到日程表上

首先，我做出方案书，获得了经理的同意。这种方法确实提高了工作效率，并且不用返工就可以制作出最终的日程。

首先做出一个大致的设计图，之后再细化。这让我重新体会了咨询师的思考方式。从思维训练的角度来看，制作日程表这个看似简单的工作让人受益匪浅。

用什么方法、分析何种要素才能获得想要的结果

咨询公司的工作一般是先从制作策划方案开始的。策划方

案就是提出能够为客户带来怎样的成果的方案。有段时间，我也参与协助了策划方案的制作。

有些工作如果不尝试就不知道结果，咨询服务就是这类工作中最具代表性的。在策划方案阶段，谁都不知道最终报告书的模样。

那么，咨询公司是如何做到让前来委托咨询的企业做出委托决定的呢？我曾经很不理解。

实际上，策划案本身就是在"考虑思考方式"。咨询呈现给客户的策划案没有具体内容的操作，而是展示了用什么方法去推进项目。步骤就是，用某种思考方法，**对某种要素做调查，就能解决这些问题。**

我用具体事例说明一下。比方上文中的"招生宣传"策划方案，就可能包含以下内容：

①首先确认宣传活动的目的和最终目标并争取对方同意

②接着调查高考志愿的填报趋势。具体就是，将全国各地按区域和偏差值[1]分类，分析哪些学生从哪些地方来，结果怎样

③对于报考该大学的人和考上该大学的人做同样的分析。分析报考该大学学生的生源地、过分数线的人和入学率，与相同偏差值的对手大学做比较

---

1 日本用于评价学生学习能力的一种计算公式。——编者注

④从全国的趋势、竞争的趋势、该大学的发展方向等三个方面，就可以探究出该大学新生减少的真正原因

在以上四个步骤的基础上，召开报告会，讨论今后的方针。（中期报告）

⑤之后再决定今后的目标高中和区域

⑥共耗时两个半月，花费资金为○○○日元

看过以上的步骤，我们便会明白：按此步骤做出分析，的确能够得出有意义的结论。其中的步骤和希望讨论的内容需要征得对方同意。这就是咨询公司接受委托时要做的事。而实际工作和具体研究要在这个过程之后。

掌握这种方法有三个好处。

①了解工作整体和大致步骤后就不会慌张

②相关人员事先确定步骤和方法，避免了返工或对工作内容的临时变更

③可以事先预估工作的难度和工作量

试着练习安排工作步骤

那么在这里练习一下安排工作步骤。

练习课题是：三个人准备到海外旅行。如何决定海外旅行的目的地？讨论应该按照怎样的步骤安排行程。

比如说我自己设想的安排是这样的：

① 首先，对照日程表看看哪几天休息，确认好天数和日期。

② 接着，决定目的地。列出10个在休假时间内可能去的国家，简单地搜索出在每个国家都可以做什么。

③ 分别从观光、美食、娱乐活动和费用等四个角度列出评价，三人一起讨论。

④ 把去评价最高的国家作为三人的最终结论。

这是"日程→目的地→内容"的方法。当然，也有反过来优先讨论娱乐活动、美食和观光等内容的做法。但是如果将两种方法混在一起的话，就完全无法做出决定。

也就是说，先要提出"优先确定哪个内容"，然后取得大家对这种做法的认同。在最开始把流程定下来的话，讨论就不会重复或重来。

按下面的顺序推进工作：

1 做出大致的计划，就工作流程达成共识

2 按照流程，开展具体工作

11 熟练运用逻辑树

重要性 ★★★　　难易度 ★★☆

进入咨询公司后，首先要学习的技能就是**逻辑树、结构化思维（MECE）、问题解决法**等一系列逻辑思维或问题解决的顺序方法。

想必有很多人想要掌握这些技能，但是掌握这些技能的意义是什么呢？

综合咨询界前辈的意见，掌握这些技能的意义主要有以下四点。

熟练运用逻辑树的四个意义

①受用一生

逻辑树和问题解决法是最基础，并且永不过时的技能。**一旦掌握终身受用。**

从毕业进公司到现在，转眼之间15年就过去了。但那时候用的书籍现在还有用。再向前追溯15～20年，大前研一[1]先生和堀

1　日本著名管理学家、经济评论家。——编者注

纮一[1]先生刚入职时，当时的咨询行业也还在使用同样的方法。

这表明，在过去的30～35年里，咨询行业的基本方法论完全没有什么变化。现在也是说起问题解决就一定会谈到逻辑树，相信将来也会是如此。

②可以俯瞰问题全貌

一旦掌握逻辑树，就能看见问题的全貌。

很多人不理解问题结构化这个方法，发表意见时没有逻辑观念，想到哪里说哪里。学会逻辑树后，可以在脑海中清楚地看出问题的各个部分在全局中所处的位置。

这样就能发现什么重要，什么不重要，就可以从全局上判断什么是最关键的。

逻辑树的每一根分支并不是同等重要，有的分支占60%的比重，有的分支只占10%或5%的比重。习惯用逻辑树后，可以马上辨别出占60%比重的、最重要的分支是什么。

学会判断重要性就可以做到以下两点。

③学会放弃

一旦学会判断重要性，就能学会放弃不重要的部分，就可以有自信地关注重点，合理运用时间。只关注重点，放弃其他。

---

1 日本著名咨询师。——编者注

学会放弃后，可以高速、高效地推进工作。

很多人不会放弃并不是因为没勇气，而是因为不明白孰重孰轻。他们认为一切都很重要，做不出取舍，从而无法放弃。

要想学会放弃，需要用逻辑树画出问题的全貌，区别主干部分和枝叶部分。

④加快做决定的速度

如果学会判断重要性，学会放弃，最终能使决策速度飞速提升。因为一个问题不需要花好几天讨论，就可以一下子做出判断，且判断会非常准确。这也促进了工作整体质量的提升。

逻辑树的四个益处

1 受用一生

2 可以俯瞰问题全貌

3 学会放弃

4 加快做决定的速度

逻辑树的基础部分即使不在咨询公司也能掌握

我第一次接触逻辑树是在学生时代。当时我在**大前研一先生的《企业参谋》中第一次接触到这种思考方法**后,觉得非常有趣,就进一步阅读了其他相关的书籍。

至今被人奉为经典的《问题解决专业法——思维和技能》(斋藤嘉则著)是逻辑树和问题解决的"圣经"。我经常反复阅读,也因此有幸得以进入咨询公司。

很多人期待进入咨询公司后学习到一些特殊的方法论。也有不少人认为,如果能接受咨询公司新人培训的话,一定会受益匪浅。这本书的编撰目的正是如此。实际上,**我们无须进入咨询公司,也能学习到这些方法论。**

因为,我最初在咨询公司所接受的培训和《问题解决专业法——思维与技能》中的内容是一样的。

培训时,那些方法论被用英文称作"Issue Based Problem Solving"。虽然名字不同,但内容和《问题解决专业法——思维与技能》中所写的一模一样。

培训之后,我被分派到了具体的咨询工作中去做项目,实际上也没用到比《问题解决专业法——思维与技能》更好的工作方法了。

咨询工作的问题解决法中没有什么特别的秘诀,不过是基础的方法论的应用。

逻辑树的问题解决法在很多书籍中都写过。这里就提取其中的精华来介绍。简洁地说就是以下几点。

> 即使是庞大复杂的问题也可以利用逻辑树分解成小问题
> 可以分别设计每个论点
> 通过分析每个论点，就能得出整个问题的答案

无遗漏、无重复地提炼出论点

我接下来引用《问题解决专业法——思维与技能》中的例子"如何减肥"，进一步说明。

如何才能减肥？这个问题很简单，方法也有很多。

- 吃减肥药
- 多运动
- 去健身房
- 控制糖分摄入

虽然有许多方法，但在罗列这些方法之前，有必要进一步整理问题，对这些方法进行归纳。

063

"减肥"的逻辑树分解图

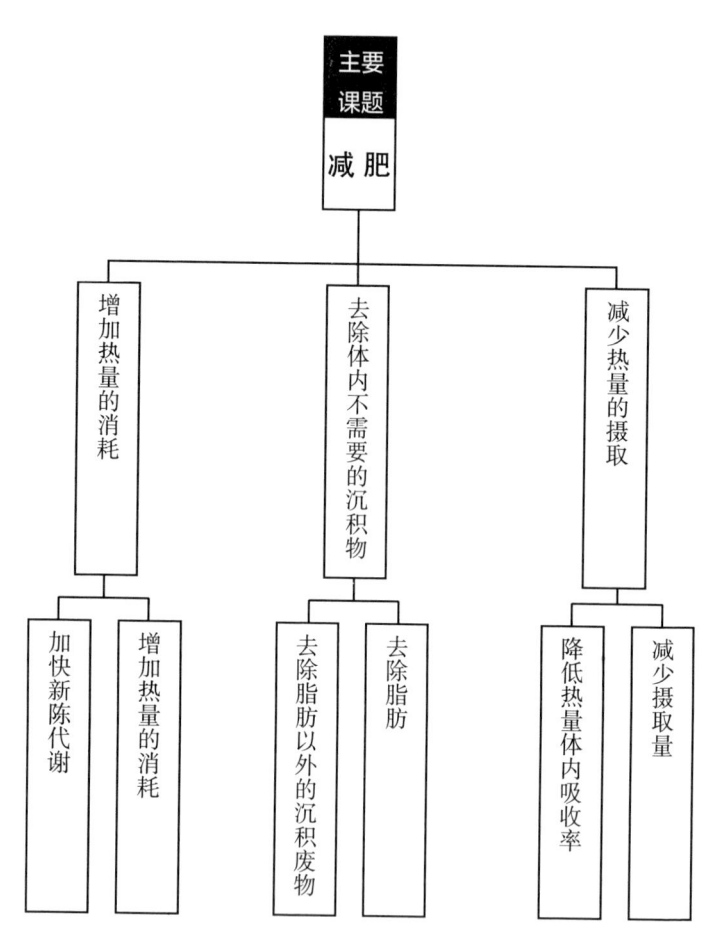

```
主要课题
  减肥
   │
   ├──── 增加热量的消耗
   │        ├── 加快新陈代谢
   │        └── 增加热量的消耗
   │
   ├──── 去除体内不需要的沉积物
   │        ├── 去除脂肪以外的沉积废物
   │        └── 去除脂肪
   │
   └──── 减少热量的摄取
            ├── 降低热量体内吸收率
            └── 减少摄取量
```

摘自《问题解决专业法——思维与技能》

《问题解决专业法——思维与技能》中，归纳出以下方法：

将"如何减肥"这个问题用逻辑树分解之后，就可以无遗漏、无重复地提炼出论点。

在这个案例中，从分解的结果来看有6个方案。

·减少摄取量

·降低热量的体内吸收率

·去除脂肪

·去除脂肪外的沉积废物

·增加热量的消耗

·加快新陈代谢

上文的解决方案中，去健身房也就是指"增加热量的消耗""（锻炼身体）加快新陈代谢"，吃减肥药是指"降低热量的体内吸收率"。**这样整理后，对于各个方案再做数据分析。**比方说，"加快新陈代谢"的方案，可以先调查一下不同年龄层的新陈代谢率的平均值，再与自身的代谢率做对比，看还有多少提高的余地；或调查目标的肌肉量，尝试将通过训练提升的肌肉量和训练时间长度等做成表格来分析。

得到结果后，把被认为是**对减肥最重要最有效的方法落实**

到行动方案上。

其实,无论是什么课题,它需要的方法和流程都一样。首先利用逻辑树**整理和分解方法**;然后对每个方法做**数据分析**;最后在每一种方法中**找出重点**,把重点**落实到方案**上。咨询公司的话这个过程会做得更细致。

根据逻辑树解决问题的基本要点

1 整理、分解方法

2 对各种方法做数据分析

3 找出项目的重点

4 落实在行动方案上

当然,熟练地掌握这个过程需要锻炼。如果想从头开始学习,可以先从书中学习其精髓。下边是我列举的参考书籍,希望大家学习。

参考书籍

《企业参谋》《企业参谋(续)》(大前研一著)

《问题解决专业法——思维与技能》 (斋藤嘉则著)

《世界最简单的问题解决方法》(渡边健介著)

《三分钟搞懂问题解决的基本》（大石哲之著）

《麦肯锡教我的思考武器》（安宅和人著）

《用头脑思考》（伊贺泰代著）

如何练习才能熟练使用逻辑树

我们如何才能切实掌握逻辑树呢？秋山由香里女士无论作为创业咨询师还是作为女高音歌手都十分出色，下面我就介绍一下她在新人时代的特别训练法。

这个方法就是，在每天的通勤地铁上利用视线范围中的任何一件东西做逻辑树的练习。

比如说，她看见旁边有人在读的体育报纸上有标题是"雅库尔特[1]跃居首位"，就设问"雅库尔特强势的原因是什么"，利用逻辑树做假设训练。

也可以利用车内悬挂的广告做练习。地铁中的广告都只有一个大标题，而没有详细内容。因此，当她看见"一年存100万日元"的标题时，马上就能做出"怎么才能迅速达到一年100万日元"的课题。

看到"女子田径选手的苦恼"的标题，也可以做出课题，如"女子田径选手为何在日本很辛苦""如何才能增加人数，向女子

---

[1] 日本职业棒球队之一。——译者注

田径体坛注入新力量"等。

这些课题可以利用通勤的时间来思考。秋山女士每天乘地铁时，就将最先看到的东西作为素材，思考课题。她随身携带小便签，随时记下来自己的点子。秋山女士每天做这个练习，坚持了整整两年。

当然，在刚刚开始完全写不出令人满意的逻辑树。但是如果能够扎实锻炼半年就能渐渐掌握。此后在提出课题的同时，也就清楚逻辑树的轮廓了。

出色的逻辑树需要意见反馈

因为我也在撰写逻辑思维方面的书，因此接下来的内容可能有些大言不惭。但是为了读者，还是要诚实认真地撰写。

要想做成毫无漏洞、无重复、有价值的逻辑树，需要有出色的指导者。我曾在学习会上见过有些新人在一起练习逻辑树，但是我感觉效果并不好。

这种练习方法的问题就在于：<u>绘制逻辑树的本人是无法发现自身错误的</u>。逻辑树的问题和逻辑错误如果没有被那些已经能够出色运用逻辑树的人指正的话，本人就无法知道自己在什么地方出现了怎样的错误。

当我们将"逻辑树练习的问题点"从逻辑树的角度来整理

就会发现,"独自一人练习的效果有限"是其中最重大的结论。这是很大的矛盾。

而在咨询公司,日常工作中一旦出现了逻辑问题就会马上得到纠正。咨询新人每天都在画逻辑树、修改逻辑树、被上司批评逻辑树的循环中度过。在这种环境中,很容易迅速掌握逻辑树。

在地铁中练习逻辑树的秋山女士也绝不是独自练习,她也会请教咨询界的前辈,接受别人的意见。

没有反馈意见的话,想要提高逻辑树绘制水平很困难。但是在普通的公司里,很难找到能够得心应手地画逻辑树,并给予确切指导的人。因此,从可以获得众多前辈的指导这个意义上来说,在咨询公司工作还是非常有价值的。

然而这已经是以前的事情了,现在时代也在变化。

即便不去咨询公司,也有很多提供这些训练的培训班。

关于这点,**我认为比起自己一人练习,尽早参加培训班,接受正规指导会更好**。

任何人都能掌握逻辑思维和逻辑树。

我希望大家依靠正确的指导和反复的训练,不断地认真努力。

> 要想让逻辑树有意义，真正做到无疏漏、无重复地分解课题，需要正确的指导。
>
> 他人的意见和反馈十分重要。

12 "云—雨—伞"：提建议的基本原则

重要性 ★★☆　　难易度 ★☆☆

在员工进入咨询公司第一年所学的知识中，特别容易理解，并可以马上掌握的就是**云—雨—伞理论**。

"天上出现乌云，眼看就要下雨，带上伞比较好。"

这其实是对事实、分析和行动三者的比喻。

这是什么意思呢？

要区别事实、分析、行动

云代表"**事实**"。是用眼睛实际观察到的情况。谁都能看出来天上有没有乌云。

快要下雨，是从现状推测出来的"**分析**"。也就是说从出现乌云这个事实引出可能会下雨这个分析。

最后是雨伞。也就是说从"快要下雨"这个分析得出带上雨伞这"**行动**"。

进一步整理如下：

> （事实）"天空出现乌云。"
>
> （分析）"因为有乌云，可能会下雨。"
>
> （行动）"因为要下雨，所以带雨伞。"

这里最重要的就是区分**"事实""分析""行动"**。

如果将三者混淆或遗漏而得出结论的话，那么结论就会不合逻辑。下面我就说一下可能出现的失败。

失败① 仅把"乌云"提交上去

上司安排调查工作后，只把数据图表或报道交给上司，然后报告说调查工作完成，这是入职第一年的新人总会犯的错误。其实这只不过是粘贴复制一些貌似有关的数据和报道，就把这些当报告交给上司了。

从报纸和杂志搜集大量信息，然后向上司报告——如果自以为会受到褒奖，一定大错特错，绝对会被上司骂个狗血淋头。

"这是什么！你是什么意思！难道让我读新闻报道吗？"

上司的批评很在理。

上司之所以愤怒，就在于新人没有拿出自己对内容的分析结果。拿"云—雨—伞"的例子来说的话，就是只向上司报告现在有乌云（相当于报告中的数据或观察到的内容），非常不全面。

如果只是提交给上司数据或新闻报道，而没有分析研究的话，那报告根本就没意义。

比如说，你去医院检查血液。一周后，检查结果出来了。

结果上写着丙氨酸转氨酶、血球容量计、GGT 等一些让你摸不着头脑的数据。然后就听到医生说：

"这是血液检查结果，你看看，考虑考虑。"

你一定会愤怒不已。

"什么？我怎么知道这些数据是什么意思！数据分析难道不是医生的工作吗？要是有什么问题的话，就应该给我开药方！"

这里面的医生和只报告现状的新人没有区别。

这些数据说明了什么？是说明身体已经患病，还是没有毛病？应该注意什么问题？如果有问题的话，问题是大还是小？你想要的正是"数据背后的结论"。

并且你需要医生在必要时给你开药方。

如果没有分析，患者即使拿到检查结果也看不出所以然来。

而商务场合上也是如此。即使做再多没有分析的图表，收集再多看似相关的报道，没有分析和结论的话，对解决问题也毫无帮助。

> 只有现状（＝乌云），称不上报告书。
> 要把现状和分析一并提交给上司

失败② 不提供依据

新人容易犯的另外一个错误是只提交行动计划。用"云—雨—伞"做比喻的话，"带上伞"就是行动。

如果只是提交行动计划，别人就不知道这么做的理由是什么。

用咨询界的行话就是缺少"WHY SO"，也就是"为什么这么做"。

在做提案时，不能只提出行动计划。要将现状和分析也一并提出。

出现乌云，说明要下雨（现状分析）
要是带上伞就好了（行动）

血糖值在标准范围以上，说明有糖尿病的危险（现状分析）
吃这服药好（行动）

另外，行动也有多种选项。
快要下雨，针对这个分析可采取的行动不止一个。

可以带雨衣，也可以调整行程不外出。

糖尿病的治疗也有很多选择。但是，如果仅仅告诉患者采用一种方案的话，难免被患者怀疑地问道"真的吗？""还有其他办法吧？"

失败③ 混淆现状、分析、建议

最后一个是在要提交的报告中，将现状、分析和行动建议混为一谈。

比如说，你把在报纸上发现的事例汇报给上司，很有可能被问：

"这是你的意见？还是报社的意见？"

特别是要区分现状事实和意见建议。

比如说，"客户追求低价的商品"这一意见。

这个意见是基于客观的消费数据得出来的，还是你个人的推测？还是最近的普遍趋势？谁都不知道。这样的话也就不能进行严密的讨论。

报告时要区分现状事实和意见建议。

加入"事实""分析""推荐的行动方案"这三个标题

区分事实现状、分析研究、行动方案，明确回答"结论"和"依据"。

这就是所谓的逻辑性思维的基础。而且这并不只是咨询公司所需求的技能，也是开始工作后，每一个职场新人需要掌握的基础。

那么，我们如何才能迅速掌握这个技能呢？

最简单的方法就是**添加标题**。

写文章时添加以下内容的标题：

事实、现状

我的解释分析

推荐的行动方案

这样的话，**自己脑中就有一个清晰的结构了。**

最后将这个清晰的内容给对方看。

这样，在报告中"事实现状""分析研究"和"行动方案"就十分容易区分，别人也能够理解报告的内容。

另外，标题可以作为检查清单。

如果提案没有以上三项内容，那么它就没有太大的说服力。很容易被对方质问"你真正的意思是什么？""为什么要这么做？"

对于所有的文件报告，都可以按这三个项目检查内容是否贴切、合理。检查之后再提交报告。

> · 提案中的现状（云）
>
> · 分析研究（雨）
>
> · 行动方案（伞）
>
> 都明确吗？

13 假设性思考

重要性 ★★★　　难易度 ★★☆

"**先做假设**"是咨询式思维方式中最重要的特征之一。即使刚进公司，咨询公司也要求新人们全面地掌握并应用"假设性思考"去思考问题。

"什么是你的假设？"

"有没有假设？假设已经得到证明了吗？"

在咨询公司内每天都是"假设""假设"满天飞。

先设想好工作的大致方向，而后再做具体的研究调查

一般来讲，要想得出某个结论，就要大量收集相关资料。也就是说，要进行全面的调查，尽可能地收集数据，收集后对每个数据做出详细的探讨，从而得出结论。

我们也经常看到人们用这个方法讨论问题，但实际上经常不顺利。

因为采用这种方法后，讨论的范围会不断扩大，会在不必要的调查上浪费时间，必须要调查的数据也十分惊人。时间花了不少，但是很难得出结论，效率非常低。

为了避免这种现象，开头提到的"先做假设"十分重要。

利用这种方法时，**首先在可预想范围内，勾勒出工作的概要。**

这和案件调查的方法一样。优秀的搜查员勘察犯罪现场，就能大致地估计出是谁用什么手段实施了怎么样的犯罪行为。这种推测就是"**假设**"。

即使假设不对也没关系。

大胆做出假设，然后依照假设来思考工作路线。

按照预定的路线，锁定调查研究的关键点

假设发生了一起凶杀案。那么，犯人长相是什么？动机是什么？嫌疑犯是谁？作案时间？尸体藏在哪里？凶器是什么？

读过推理小说的人有时候会边读小说边找线索做推理，这个推理过程就是"假设"。

侦查案件并不是要做面面俱到的地毯式搜索，而是根据推理，从可疑的地方出发，有重点地调查取证。

比如说：

"假设尸体被抛弃到山里，一定要用汽车运尸体。如果要借车，那么租车公司应该有记录。"

如果自己的推理正确，那就要从"会出现什么证据"这个角度开始搜查。

将这个逻辑思维置换成商务用语的话，就是"假设性思考"。

"那个度假宾馆尽管价格不菲，但是入住率依然很高。难道是因为瞄准了年轻夫妇这一消费人群吗？"

"曾经认为入住一晚上要3万日元以上的酒店人群的只有富裕阶层，但是年轻阶层也有很大的市场。"

有了这些假设后，在此基础上具体分析客户层。

> **事先对问题做假设，
> 锁定调查的关键点，才能做高效率的调查分析。**

调查研究不能盲目开展。

调查研究一定要在假设的基础上展开。

> **调查研究一定要在假设的基础上展开。**

调查分析就是对假设的检验

进入咨询公司的第一年,新人的工作大部分都是做调查。但是网罗性的调查根本做不完。一个调查基本上需要花一两天,上司最多只给几天的时间。如果不做假设的话,根本不能按时完成。

比如说上文中的客户群体调查:

"消费3万日元住一晚宾馆的年轻客户群体实际上有没有增加?如果人数增加了,那么有什么特征?增加的原因是什么?"这需要以人数增加这种假设为前提做出调查。

然后,对假设是否正确做出判断,再报告给经理。

比如说:

"确实消费3万日元住一晚宾馆的年轻客户群体有显著增加。但是地域差异很大。"

或者是:

"消费3万日元住一晚宾馆的年轻客户群体增加了,但是60岁以上和40~50岁的客户群体也在增加,这种增加是一个整体趋势。只按年龄区分客户群体有问题,应该讨论为什么高消费的客户群体在增加。"

假设也可能被否定。

如果情况是前者的话,就要进一步深入,做更加详细的分析；如果是后者的话，就要修改错误的假设。

总而言之，调查研究是对假设的验证。

> 调查研究是对假设的验证。

我们一定要谨记：

没有目标和假设，只做调查研究没有任何价值。

让假设→检验→反馈的循环快速运转

我刚刚进入公司时，第一年大部分的任务就是调查并验证经理提出的假设。

如果假设是正确的，那么就利用调查的正确数据，做成图表，呈现给客户。

如果假设不成立，就从自己调查的数据中推导，并向经理提出新的假设："经过数据调查，原先的假设不成立，从数据上看，实际情况会否是这样……"

> 假设→检验→反馈

让这个循环高速地运转，就能高效率地抓住问题的本质。

假设毕竟是假设，一旦调查的结果和假设不同，就要立刻修改。**万万不能为了使假设成立而捏造数据**。如果在犯罪案件调查中，就等于是因调查时先入为主而造成冤狱。

如果客观的数据结论出乎预料，要坦诚地接受，并从中获得启发，做出新的假设。

> 如果检验中出现和假设不一样的数据，就要坦诚接受，设定新的假设。

假设性思考提升做决定的速度

一旦掌握了假设性思考，做决定的速度就会飞速提升。

这是因为，很多人是在出现具体问题时，才开始研究分析。但是建立假设的人**已经在此时完成了对问题的探讨研究，并准备好了结论**。

以做决策速度著称的软银公司总裁孙正义为例。

他能够在非常短的时间内做出出资和收购的决策。为什么他能迅速地做决定呢？

当然，他大脑一定转得快。但是我想更是因为他提前做出了众多的假设和预想。

比如说，你面前有 1000 亿日元的收购案，因为还没有讨论研究过，自然是不能马上决定是否收购该企业。

你最多会回复说"现在开始讨论这个收购案，要等 3 个月才能出来结果"。

但是，如果是孙正义的话，大概他脑中已经有了自己的方案：收购候选方案与条件、能够出到的价位等。

脑中常有个清单，就意味着**如果现在有一个收购案的话，他已经有了自己的答案。**

正因为如此，当遇到一个收购案时，他就能迅速地做出决定。

> **建立假设就是提前准备好目前需要的结论。**

提前列出选项和条件

我再举个简单的例子，看看如何利用假设性思考提高制订旅行计划的效率。

很遗憾，现在的日本公司有时很难推测出什么时候有假期。有时候就是因为不知道放假时间，以至于快要放假还没制订旅行计划，结果只能在知道可以放假后才不得不慌慌张张地制订旅行计划。

但是，这样做和直到遇上 1000 亿日元的收购案才开始讨论一样，结果就是研究非常不充分，旅游目的地定得匆忙，玩得也不尽兴。

如果能够利用假设思维，事先就做出推论，就能迅速提高决策速度。我来具体说明一下。

我本人非常喜欢旅行，在咨询公司时，每年都去海外旅行两次以上，有时候一年甚至会去七八次，夏天更是用好几天去登山。有时候就是三连休再加点年假而已，时间上绝不宽裕。

但是为什么我能多次去旅行呢？这是因为我提前做了旅行计划的假设：

"如果可以休息 3 天，就要去某地和某地。如果有个三连休再加上一天的假期，就去某地和某地，如果能休息一周，就能去某地。"

列出 10 个左右想去的地方，简单调查一下飞机的时刻表，然后分析一下哪些假期可以去哪些地方。也可以简单地做预算。

因为只是假设，所以不需要详细计划。"如果能够休息几天，那么就能去哪些地方，需要多少预算"，简单地做一个问题集，然后用 Excel 做成列表汇总。

真正知道确切的休假时间后就简单多了。从列表中选出符合条件的选项执行就可以。列表中都是想要去的地方，也就省去了决定去哪里的时间。

> <用假设性思考做决定>
>
> 建立假设，提前得出结论
>
> 出现问题（事实状况）
>
> 按照符合现状的假设做应对

> <漫无目的地做决定>
>
> 出现问题（事实状况）
>
> 慌忙考虑对策
>
> 对应迟缓，得不到满意结果

有一次，突然有三连休的假期，外加一天的公休。这时候我就查看了需要4天行程的列表，从里面选择了中国。

从日本乘飞机花3个小时左右到沈阳，简单游历后，乘大巴去靠近朝鲜边境的丹东，然后坐船看河岸风景。从一开始，我就知道行程可以四天完成，因此决定去哪儿只需要两三分钟。

然后，我们再来看看政界——看似和假设性思考或咨询工作毫无关联。其实，假设性思考在政治世界非常有用。这是前咨询师、日本众议院议员田沼隆志先生告诉我的。

"关于我现在研究的主要政治课题,我利用逻辑树,事先将问题结构化,建立关于'该课题真正论点'的假设。

"行政的信息量是非常庞大的,如果没有预先假设方向的话,就会被信息吞没。而如果预先假设的话,即便是出现复杂的法案,也能马上把握住本质的问题点,从而对国会上的提问有莫大的帮助。"

实际上对议员来说,速度决定一切。议员要阅览和检查政府所提出的议案,有问题的话要在国会提出质询。这个过程时间非常短。比如某个法律草案在周五出台,那么下周的周二就是国会的质询时间。实际准备的时间只有三天。

这三天内,如果从头到尾阅读法案,并分析讨论的话,时间根本不够,也无法指出法律草案中的问题点。

但是,田沼先生正是利用了假设性思考,避免自己陷入信息的洪流,从而可以在短时间内提出抓住法案本质的问题。

14 有主见地汲取信息

重要性 ★★☆　　　难易度 ★★☆

越是新手，就越是满足于单纯地追求信息量。

比如说每天读报纸；每年看100多本书；每天上新闻网站浏览信息；还关注着意见领袖的微博、推特等，并且还有因此而满足的趋势。

还有人非常佩服这些人对于信息的敏感度，并因为自己不如他们而焦急。

但是，先别慌。**实际上，只是增加信息收集量，完全无法提高商务能力。**

提高商务能力要有自己的想法

我在大学毕业前一直都坚持阅读《日经新闻》[1]和《日经商务》[2]，毕业工作后就继续没坚持了。许多人都是工作之后才开始看报纸的，而我工作之后却不再看了。

这主要是因为我当时刚进入公司，工作让我手忙脚乱顾不

1　报纸《日本经济新闻》的简称。——编者注
2　杂志名，由日本经济新闻社的下属企业发行。——编者注

上看报纸。春天过去，快到五月假期的那段时间，家里的邮筒都塞满了报纸和杂志。我也只好把它们原封不动地扔到垃圾箱。扔完后就觉得自己不再需要这些了。实际上，就算没有报纸杂志上的信息，我自己的商业技能也在飞速地提高。

提高商务技能的不是信息量而是动脑。

如何思考问题决定是否能提高商务技能，**信息量本身无法提高商务能力。**

即便增加信息量，也是看完后面就忘记前面，没有留在脑子里。最多也不过是囫囵吞枣，没有什么意义。

动脑，简而言之就是有自己的想法。

这也是我在咨询公司第一年里学到的重要一点。

无论是书还是电视、报纸、网络，**接触信息时必须有自己的想法**，不断地思考。

动脑就是有自己的主见。

带着自己的主张去接触信息。

比如说，《朝日新闻》的网站上有一则新闻的题目是《（新干线）回声号 重新在山阳路奔驰 五年间乘客增加七成》。看到

这个，就不自觉地想知道增加七成的原因，然后就点进去看，对里面的信息毫无质疑。这并不能提升自己的思考能力。

看到这则新闻标题时，最重要的就是**暂时抑制住点击观看的冲动，花一分钟思考**。

为何是回声号呢?

什么使得乘客在五年内增加七成?

一定要带着自己的意见去思考。

"经济低迷，低廉的商品比较受欢迎，是不是新干线也有了这种需求？""也许有不少人从高价位的希望号转移到回声号了？"

带着这些想法再点进去看。

果不其然，新闻上写的内容正是"因为出现了高速大巴和LCC[1]等低廉价格的交通手段，回声号在和希望号竞争"。

有主见的思考方法：

在看答案前，留给自己一分钟思考的时间

---

1 英文 low cost carrier 的简称，特指低价航空公司。——编者注

有主见地接触信息，才能获得学习的机会

只有拥有自己的意见，才能有学习的机会。如果自己的结论有错误，可以吸取经验教训。即使自己的结论正确，但是得出结论的思考方式或观察角度也有可能不同，这也是学习的机会。只有反复这样训练，才能真正地学到东西。

再拿新干线的例子来说，虽然许多人有低价位消费的心理这一结论和我想的一样。但是，我认为深层原因是希望号的乘客转移到了回声号。然而新闻上却还给出了另外一种事实：

在乘坐回声号的新乘客中，大多数是之前乘坐高速大巴或驾驶私家车的，他们改为乘坐新干线。

利用自驾车或高速大巴的人都是宁愿多花点时间也要省交通费的乘客。新干线虽然比大巴稍微贵一点，但能更快速舒适地到达目的地。因此，部分人的交通手段从低价位的高速大巴改换成中档价位的回声号。也就是说，这并不是单纯的低价位消费现象。

如果自己在最开始没有思考，那么新乘客的特征也是看完就忘了。正是**事前有自己的想法，才会有新的发现**。

提高思考能力并没有什么捷径。但是置身咨询公司这个必须强制自己每天思考的环境中，思考方式自然得到了锻炼。因

为在这里，即使是新人，经理也经常会来征求意见。

"大石是怎么想的？"

"大石，你觉得这个有没有问题？"

不拘泥于正确答案，不要停止思考

另外，这里还有一个重要的问题，就是"有自己的想法"并不等于"知道正确答案"。

想法有错误没关系。持有自己的想法，本来就是为了**认识自身错误，为了意识到自己和他人想法不同**。

没有必要死记正确答案。重要的是要时刻带着自己的意见去接触信息，不断地深入思考。

有错误不可怕。

不用死记答案。

新人刚刚开始总是思考不全面，漏洞错误百出。即便如此，**自己在看书、看报纸、浏览名人微博时，要提前想一想自己应该如何看待这个问题**。

一旦掌握了这个本领，在阅读书报时，便会察觉到其中的不足："这个结论没根据""那个分析很片面"等。

你的思考能力和商务能力一定会提升。

这样培养起来的思考能力，岂止受用 15 年！

15 探求问题本质的思考方式

重要性 ★★☆   难易度 ★★☆

当我们不断深入地思考问题时，常常会灵光一闪找到答案。感觉之前看起来参差不齐、杂乱无章的问题点突然串联起来，形成了一个整体。

但是，在获得灵感之前，必须要不断思考。我在咨询公司时期的思考训练就是这样的。

需要呈现的不是"信息"，而是"本质"

客户最终希望从咨询公司得到什么呢？其实很简单，不是"信息"，而是"本质"。

那这两者有何不同呢？

我先说一位咨询师的经历。

那时，他正负责调查一个客户想要收购的企业的情况。在企业并购（M&A）项目中，客户需要并购对象企业的庞大的数据资料。他作为负责人，回绝了联谊聚会，通宵达旦地做了大量调查工作后，汇总成了报告书。

做好的报告书里包括该企业的商业模式、收益性、财务状况、营业体制、人事制度、IT 系统和企业文化等，从各个方面做了多角度的调查，可谓精细至极。但是，当他把报告书提交给客户时，一张口就被客户给打断了。

"这种资料没用。**我们想要的不是这种资料。我们要的就是其中的核心本质，不是这种零散冗杂的资料。**我们只想知道两个问题。

首先，这个企业运作的核心动力是什么？

然后是如果收购的话，相应的企业价值是多少？

就两个问题而已。"

他说自己当时很受打击。

客户要的不是信息，而是本质。

当然，细致的分析和调查还是必要的。**但是客户最想要的就是将这些分析和调查统合之后所呈现出的本质。**

"原来自己从来没有认真地动脑思考过……"

从那之后"动脑思考"这一概念在他的心里发生了翻天覆地的变化。

收集信息的过程并不等于思考。只有在看清问题"本质"后，信息才能实现真正的价值。

> 单纯收集信息并不等于思考。
> 只有探求出问题的"本质",
> 信息才有价值。

我再举个 iPhone 的例子来说明一下"本质"是什么。

iPhone 在发售初期,人们认为"这就是在普通的电子设备上安了个电话""是现有的技术拼凑而成的""在技术方面,还是日本的手机和网络走在前面"。

诚然,iPhone 从技术方面来说,可能只是现有的技术的集合。但是 iPhone 本身却体现出了**实质性的革命**。

iPhone 虽然没有技术上的革新,它本身却体现着"互联网和人的新型关系",这是更高层次的革新方式。而这个高层次的视角正是史蒂夫·乔布斯的思考本质。

挖掘本质要靠更高一层的视角而非信息量

很多人收集庞大的信息,收集分析过去的案例,得出了多个结论——这个结论也对,那个结论也没错;这种案例也有,那种案例也有。但是即便是找到 10 ~ 20 个案例,也没能说明其中最重要的本质。

结果，自以为"客户是这么要求的"，做出来的东西却像是有四五十个按钮的遥控器。

iPhone 的发明，需要摒弃传统的手机概念，从一个全新的视点重新定义人和机器的关系。史蒂夫·乔布斯做到了。

"动脑思考"并非收集信息，也不是不断地追加功能，更不是做出厚重的报告书。而是从信息中挖掘出一到两个本质问题，并细致加工。

> 提升思考能力，
> 不是大量地收集信息，
> 而是挖掘出一到两个本质并细致加工。

关于探求本质的问题，可以从以下书中得到启示。请务必阅读。

参考书

《观想力·为何空气是透明的》（三谷宏治著）

《幸福资本论：为什么梵高受穷，毕加索却很富有》（山口扬平著）

第 3 章

资料制作技巧

16 文书写作的基础——会议记录法

重要性 ★ ☆ ☆　　难易度 ★ ☆ ☆

会议记录是新人必做的一项工作。相信每个公司都会把会议记录工作交给新人来做。但是，会议记录上要写什么？要怎么写？看上去没有规律可循。所以很多新人在会议记录上吃了不少苦头。

所有资料制作都从会议记录开始

在咨询公司，会议记录也是由新人负责，并且必须要及时完成。从某种意义上说，会议记录是新人工作的第一道门槛。公司也是将其当作基础中的基础来认真培训我们的。在有的咨询公司里，新人拿着自己第一次写好的会议记录让前辈修改时，前辈用了3个小时，指出了记录中的种种问题，并且添加修正的内容都要比初稿的内容多得多。这给入职第一年的新人留下了非常深刻的印象。

一个咨询前辈在繁忙的工作中居然抽出3个小时来为自己修改会议记录，这种好事一般很少碰到。反过来说，也能看出来咨询前辈非常希望新人能够掌握会议记录这项技能。

因为会议记录是资料制作中最基础的部分，包含了资料制作的基本方式和方法。

如果能够做好会议记录，那么其他的资料制作也不会出现太大问题。因此前辈特意拿出 3 个小时，通过会议记录，传授给新人资料制作的基本知识。

所有的资料制作都先从会议记录开始，这句话一点都不夸张。

会议记录需要简洁地记录会议决策

那什么才是优秀咨询师的正确会议记录法呢？

首先，**新人最容易犯的错就是将会议记录写成发言记录**，也就是逐一记录会议的发言。会议上甲讲这些，乙讲那些，会有很多意见。新人将这些意见按照时间顺序原原本本记录下来，就像把会议录音转成文字一样——这样的记录是不合格的。

会议记录的意思是记录会议上决定的事情。这才是基本原则。极端地说，就是中间过程完全可以不写，只管记录最后的会议决策就可以了。**会议记录就是将决策落实到文字作为日后的证据**。决策就是指决定的事项内容。比如说：

"分配一名新专员负责应对客户。"

"决定采购 2000 个 ×× 日元的 ○○ 商品。"

"下个月的说明会在某月某日下午 1 点举行，由 B 和 K 负责。"

"网站设计采用方案 C。"

会议上决定了什么内容？会议记录的原本意义就在于让大

家可以确认会议上的决定事项，白纸黑字可以避免因为不清楚做出了什么决定而产生纠纷。

日常生活中，我们也会将口头约定用电子邮件来确认。比如："确认一下，聚会是在下周三晚 7 点的涩谷。"像这样，将约定写成文字向对方确认，才是会议记录的目的。

会议记录

1 记录决策事项、确认事项，需要向相关人员确认
   决策的内容

2 记录决策事项，作为日后的证据

简洁地记录已定决策、需要确定的事项，传阅给相关人员**确认或决定某些事项**。

这才是会议记录的作用。

记录未决定的事项，和下次应决定的事项

下面，我列举一下会议记录中的必备项目

日期时间

地点

参加人员

本日内容安排（论点·议题）

有以上几条理所当然。以下四个是重点：

已决定的事项

未决定的事项（需要下次决定的问题）

需要确认的事项

下次会议之前的准备（负责人和截止日期）

只要将这四个项目简单清楚地整理、书写出来就是一份完美的会议记录。

做会议记录时，**首先将以上项目作为标题写下来。**

然后在标题下**按条目列出**主要内容。

例如：

＜会议内容＞

决定新网站设计方案

＜已决定事项＞

采用设计公司方案中的 C 方案，但需修正以下问题

①首页设计需更直接地吸引客户注册

②利用 HTML5 制成动态网页

＜未决定事项＞（下次需决定的事项）

讨论的域名多数被其他公司注册，目前没有最终敲定合适的域名

＜需要确认的事项＞

关于 HTML5 的使用出现很多意见，基本上都通过了

但为确保万一，部长认为需要获得 ×× 部门的认可

＜下次会议之前的准备＞（负责人和截止日期）

下次会议之前将可注册的域名一览表按照 YY 部长的意见列出来

会议记录基本上是这样的形式，内容非常集中。但是凭这些就能简洁地说明问题。

实际开会时，讨论过程迂回曲折，会出现各种意见。不必关注这些意见的先后顺序，只要按照上面的格式，简单地记录已经决定的事项就可以了。也就是说将会议内容进行**结构化汇总**。

首先，请按照这个格式不断地反复练习。

> 除了已决定的问题外，
> 还要简洁明确地记录未决定的事项、需要确认的事项和下次会议之前的准备。
> 这个格式需要反复练习，直到形成完美的资料制作风格。

因为会议记录有证据的作用，因此上面有时候也会有**应该保留的附加意见**。也就是"虽然决策是这样，但是某人说了那样的意见"，或是"有这样的反对意见，但是决定是这样"。

针对决策，添加上某人的意见或发言作为参考，特别是加入会议上关键人员的意见会非常有效。

例如：

关于 HTML5 的使用出现了各种意见，最终全部通过。

* 虽然有的浏览器无法观看动态效果，但是考虑到网站的目的，高级用户在使用上是没有问题的（部长意见）。

总之会议记录要写已经决定的事实，作为补充内容，要总结关键人员的意见或是简单的决定经过。

刚刚开始我说只单纯地记录发言不行，但其实也有例外。

比如说，法庭审判或国会发言。在这些场合就要求把发言人的发言内容一字一句地记录并保存起来。这种会议记录的方式是存在的，但是基本不用在商务的场合。

简单地说就是：

法庭、国会的记录：

为了留下明确的证据，需要将谁说了什么话，包括口误，都一字一句地记录下来。

商务会议的记录：

目的是确认会议上的已决定事项和未决定事项。并且作为证据，可以避免参会者对已决定事项产生认知上的偏差。

17 最强的 PPT 制作方法

重要性 ★★☆　　难易度 ★☆☆

我现在几乎每天都要用 PPT 做资料。即便是改了行、白手起家，或是作为撰稿人写作，也还是离不开 PPT。

因此，PPT 制作方法也是我有幸在咨询公司学习，并且觉得值得介绍给大家的一个技能。其实，不只是 PPT，实际上我学习到了如何制作易于理解的资料的窍门。

PPT 要简洁

咨询师风格的 PPT，一句话就是**简洁至上**。

想要表达的内容要明确、简洁、清晰。

像单页企划书一样，也有将众多资料浓缩到一张 PPT 的方法。不过，也许是我掌握了咨询行业式的 PPT 风格吧，自己倒认为"简洁至上"是最佳的方式。

那么，这种方式的窍门到底是什么呢？

简洁资料的制作窍门也很简单。只有一个原则。那就是"**一页一个问题**"。

就是说，在一页 PPT 中，不能放入过多的内容。

一页 PPT 只说明一个问题，每页如此。只要恪守这个原则，资料就会显得很简洁，并且可以随意插入、替换，重复利用，最终提高效率。

PPT 要一页说明一个问题

这里最重要的是**把要说的话集中在一点上**。

道理很简单，但却很难做到。

因为一不小心就会热心过头，在一页 PPT 中放入三四个复杂的图解和图表，还在文字上加上粗体，标红显亮，在文本框中添加评论……

这样的 PPT 不知道在讲什么。想讲的内容被一股脑儿地放进 PPT 中，以至于看的人不知道该如何理解，也抓不到要点。甚至可能连做 PPT 的人也没有在头脑中梳理过这些资料。

此外，我们也经常会看到在一些 PPT 中，一个图表既能说明这个也能说明那个，PPT 上也标出了各种各样的结论。但是，最后到底说明了什么还是不清楚。

别人看 PPT 是想听对图表的解释和分析，也就是"想说明什么、能说明什么"的问题。

一旦有图表，就给出一种解释，只得出一个结论。

PPT 的基本结构：数据或事实 + 分析和意见

在"一页一个问题"的 PPT 中，一张 PPT 只展示一张图形或图表，并且给出一个图表的分析和意见。这就是 PPT 的基本结构。

不仅是图形或图表，也包括照片等，都要使用客观的数据资料。也就是说：

> ①数据或事实根据 + ②自我分析和意见

每两点为一组，一组要用一页 PPT 来阐述。

这样，每张 PPT 都很简洁。组合起来，就有了一定的逻辑顺序。如果想在一张上说明多个问题，就要分成 2～3 页。

虽然页数增加了，其实更容易理解。

这种结构的 PPT 资料的优点如下：

①容易理解

因为同时呈现根据和意见，主旨就很明确，想说的话也可以集中在 点上。

②容易听懂

看一张 PPT，只需要理解一个问题，那么观众的负担也会减少。

③**容易快进**

因为一页只讲一个问题，因此在 PPT 展示中，根据观众的理解程度跳过大家都理解的问题很容易。

④**方便多次利用**

如果是一页一个问题的话，那么页面的插入替换等也非常简单。即使需要大幅度地修改 PPT 的结构，因为每页就相当于零部件，只要变化顺序或是做出取舍就可轻松应对。

比如说，从详细版调整为简约版时，只需要抽取其中的关键页，再添加相当于标题的页面即可。

试着做一页一个问题的 PPT

如前面所讲，一页一个问题的 PPT 是由根据 + 分析或主张构成的，只要再加入标题和数据或事实根据的出处就做出 PPT 了。我再进一步详细介绍一下。在阅读时请参照本节末尾的示例。

①**根据部分**

原则上要展示**客观的数据**，如统计结果或调查问卷结果。

以数据为基础，**用大家都承认的数据**是最有说服力的。

数据要结合自己的意见来加工。一般都会把数据转为图形或图表，把和意见相关的部分**用不同的颜色表示强调**。

另外，除了统计或调查问卷的结果等数据外，**只要是能支撑自己的意见或主张的**，都可以利用。比如说"**受访者意见**""**引用**""**图解**""**实际照片**"等。

只要可以支撑自己的意见，也可以在一页 PPT 中引用两张图表作为依据，但是最多只能引用两张。过多的引用会让 PPT 页面显得混乱不清。

②分析和主张部分

明确地展示出自己对图形或图表的分析和意见。比如在本节末尾的示例中，明确地给出了对图表的分析："应当质疑日本是制造业大国这一前提。"

有时，PPT 中只是粘贴了很多图形和图表，但是没有分析和意见，那么听众就无法理解 PPT 的内容。

还有一些 PPT，用一张图表说明多个问题（也就是一个根据，多种主张），**但是当有多种主张时，就要分几页来说明**。

③每页的标题

这个其实并不重要，只要有目录的内容就足够了。

④出处

可靠的资料必须有出处。即使是公司内部也需要做标记。例如：

出处：财务省统计

出处："中年人生活方式调查"乐天搜索

出处：公司基于 EC 网[1] 检索结果的分析

出处：公司问卷调查的分析

如果需要更详细的内容，请参考以下书籍。尤其是《**麦肯锡图解技术**》。此书是同类参考书籍的鼻祖和圣经，我在新人时期利用原版（当时还没有译本）学习 PPT 的展示技能。这本书总结的 PPT 技能非常值得称道。

《麦肯锡图解技术》（基恩·泽拉兹尼著）

《结构化逻辑的 PPT 资料制作秘诀》（大石哲之著）

《POWERPOINT 商务技能～画图·思维锻炼调动积极性的 PPT 演讲》（菅野诚二著）

一页 PPT 一个问题

基本上，先有一个作为根据的图形和图表

1　英文 electronic commerce 的简称。电子商务。——编者注

然后再展示从该图形图表中得出的分析、主张。

① 作为根据的数据或事实 + ② 自己的解释、主张

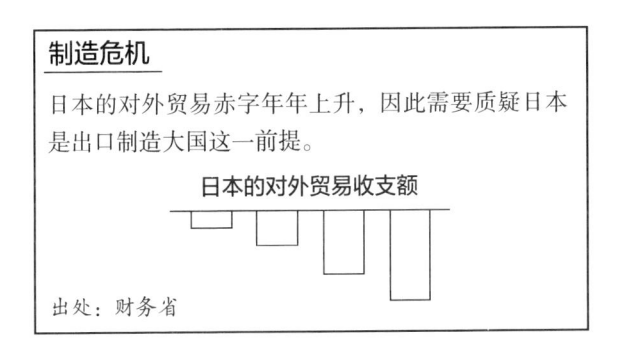

制造危机

日本的对外贸易赤字年年上升，因此需要质疑日本是出口制造大国这一前提。

日本的对外贸易收支额

出处：财务省

非一页 PPT 一个问题 示例 1

无分析结果的 PPT，在这张 PPT 中，仅仅是复制粘贴相关的图表，没有说出分析结果或主张。

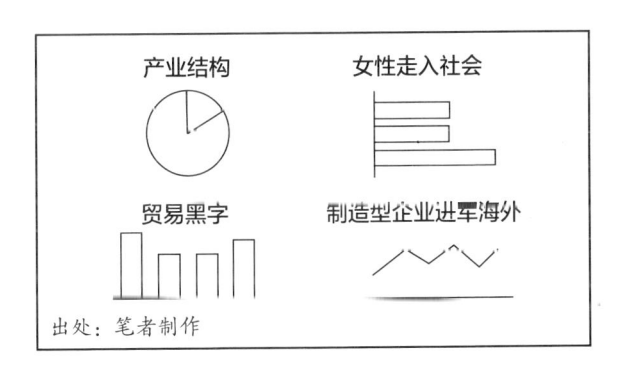

产业结构　女性走入社会

贸易黑字　制造型企业进军海外

出处：笔者制作

非一页 PPT 一个问题　示例 2

内容过多。要想讲清楚每个问题，就要分成 4 页 PPT。

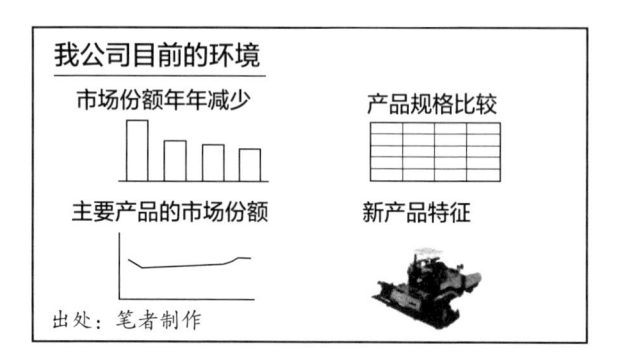

```
我公司目前的环境

市场份额年年减少        产品规格比较

主要产品的市场份额      新产品特征

出处：笔者制作
```

非一页 PPT 一个问题　示例 3

一页 PPT 有多个结论和意见，不知道应该看哪个意见

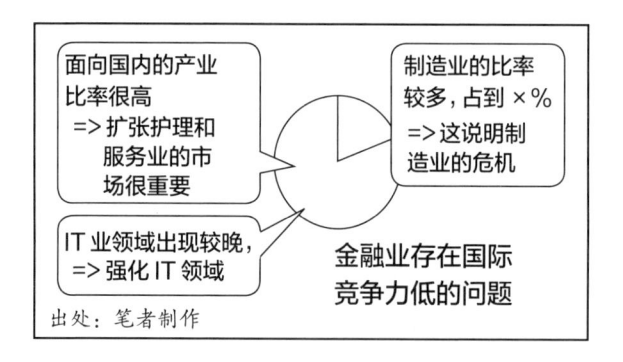

```
面向国内的产业              制造业的比率
比率很高                    较多，占到 ×%
 => 扩张护理和                => 这说明制
    服务业的市                   造业的危机
    场很重要

IT 业领域出现较晚，         金融业存在国际
 => 强化 IT 领域            竞争力低的问题

出处：笔者制作
```

18 Excel、PPT：速度定输赢

重要性 ★★☆　　难易度 ★★☆

作为曾在咨询公司就职的人，他们的秘密武器之一就是"**迅速制作 Excel 和 PPT 资料**"。

一天做四五十页的 PPT 资料不算稀奇。原来在咨询行业时，曾经认为这只是常识罢了。后来才知道，在其他领域的人看来，这种速度非常惊人。

我也问过那些曾在咨询公司就职，现在成为企业家的人们。他们的属下很多，但是据说他们还是公司里面做 Excel 资料最快的人。

为什么差别如此大呢？大概有以下两个原因。

① 咨询公司的"产品"是用 PPT 做成的，因此软件的操作速度关乎公司的生死
② 多利用快捷键，减少使用鼠标操作

我依次说明一下。

缩短资料制作时间，就有时间思考

首先，对于咨询公司来说，软件操作的速度关乎生死。

咨询公司需要制作的资料基本上就是报告书（当然不仅限于报告书）。大多数报告书就是PPT，并且将作为最终产品留在客户手里。

另外，在形成最终报告之前，要制作比最终报告书多好几倍但最终不会面世的资料（称为废纸）。

每天要举行多次商讨会议，每次都要制作PPT资料。

因此，需要制作的资料量非常庞大，有时候一天要做40多页的资料。

Excel资料也同样。特别是新人，很多任务都是数据分析和图表制作。何止是十个二十个，一般要做出几十个图表，统计核对庞大的数据。

可以看出，咨询工作的大部分时间都用在使用Excel和PPT上。因此，**提升这两个软件的操作速度就能立竿见影地提高工作效率**。如果慢了，其他再快也完不成工作。

软件操作占据了七八成的工作时间。一旦提升了操作速度，就意味着极大地提高了工作效率。

无论是谁，只要锻炼，都能通过提升办公软件操作速度提高自己的工作效率

无论什么工作，新人都无法在思考方式上来比拼。而软件的话，只要操作熟练，就能提高工作效率。只有通过训练、熟悉软件操作，才是可以做到职业能力提升的有效方法。

回首自己的新人时代，我也是在做数据分析时才第一次被公司认可为一份"战斗力"。

那时，我被安排去整理销售数据，分析市场份额的动向。但是销售数据的量庞大得惊人，有几十万行。Excel 的行数不够，也带不动这么庞大的数据。

因此，我到处请教处理方法，知道了可以先将数据导入数据库软件微软 ACCESS，然后再用 SQL[1] 语言，就可以把数据导入 Excel。我马上学习了相关知识，制作了一个可以自动将数据导入 Excel 并且图表化的软件。

学生时代，我完全没有用过 Excel 或 ACCESS，只是进入公司后才接触，从零学起。提高软件操作效率很重要。如果靠手动整理的话，只能是得到一个每天不得不通宵达旦地工作的结果。

经过这一次，我极大地提升了数据的处理速度，这让我一个毫无基础知识的新人获得了极大的自信心。由于软件操作速度比别人快，赢得了很多时间，我可以有精力去填补在思考能力等方面的差距，而这让我受益良多。

---

1 英文 Structured Query Language 的缩写，结构化查询语言，用于存取数据以及查询、更新和管理关系数据库系统。——编者注

熟练使用快捷键

那么如何才能提高操作速度呢？

下面我介绍下具体的技巧。

首先，**使用快捷键是最基本的**，也是最重要的。无论是Excel还是PPT都是如此。

快捷键就是不**使用鼠标，仅用键盘操作**。

比如说，使用最多的是"保存"项。如果每次保存都要用鼠标点击界面的开始菜单，调出下拉菜单，找到"保存"的按钮再点击的话，那么这一系列动作就需要点击三次鼠标，花费三四秒的时间。

而如果用快捷键，在微软办公软件上仅仅用"Ctrl + S"就能马上实现同样的效果，而时间只需要0.1秒，用鼠标完全无法达到这样的速度。

因此要想提高Excel和PPT的操作速度就必须完全掌握快捷键操作。要是达到十分熟练的水平，就用不着动脑子，光靠下意识的动作，就可以在0.1秒内完成操作。

Excel中，无论是移动SHEET表还是插入行、光标移动、调出格式等操作都能用快捷键操作。

PPT也一样：插入新建页、统一图形高度、组合、取消组合图形等操作也可以用快捷键。

在采访的前咨询师中，有人在刚进公司时被上司拿走了鼠标，**被要求"从现在开始全部要用快捷键操作。"**

还有一些人拿掉了 F1（帮助键），就是从键盘上直接拿掉了按键。因为如果不小心按下帮助键后，会出现信息量庞大的帮助菜单。这些前咨询师都如同苦行僧一般磨炼掌握快捷键的技巧，提高自己软件操作的速度。

PPT 和 Excel 的秘诀：外企咨询和外资金融企业都在用

下面我介绍几个提高 Excel、PPT 操作速度的秘诀，还有初学者特别需要了解的一些要点。

这些窍门虽然简单，但不可轻视。每一个秘诀都有助于提高咨询师的工作效率，对工作有很大益处。

Excel

①不合并表内区域（合并区域后不能修正数据）

②调换区域内的行和列时，选择性粘贴 – 调换行列

③从其他资料中粘贴数字时，选择性粘贴 – 数值

④数字复制时，不输入数字，而使用 "="

⑤牢记 SUM、AVERAGE、VLOOKUP、IF 等函数

⑥尽早掌握数据透视表 "Pivot Table"。掌握这个窍门，

就可以在 Excel 上进行模拟

PPT

①由于图形变化很多，所以会出现快捷键不够的情况，但是对于经常使用的图形和操作，可以定制专门的图表菜单，所以应该单独设定常用操作

②让图形的形状能够多次使用

③不在图形上添加文本框，而是在图形内部直接插入文字

④复制图形时，同时按 Shift+Ctrl 键，可以横着错开排图形

⑤文字从图形溢出时，选择"形状中的文字自动换行"

⑥文本框中换行

⑦画矩形时，不是用大□画，也不是两条线画十字，而是用四个□组合画出。

⑧连接图形时，利用"连接点"

⑨统一图形高度的功能很方便，务必牢记

现在，Excel 和 PPT 的软件操作能力受到个人和机构的追捧。下面的几本参考书中结合操作的主要焦点问题，介绍了软件的操作，涉及了操作技巧的问题，和同类书籍相比别具特色。两本书都由曾在咨询公司（PPT）、投资银行（Excel）就职的专家撰写，一定会让读者朋友获益良多。

第 3 章　资料制作技巧

参考图书

《外企咨询公司的 PPT 制作术——图解表现 23 个窍门》（山口周著）

《外资金融 Excel 制作术：图表展示法和财务模型组合法》（慎泰俊著）

PPT 制作小窍门

资料制作的基本是保证其将来易调整、可以循环再利用的形状，这样可以节省很多时间。（数字与文中的编号对应）

③ **图片和文本框不重叠**

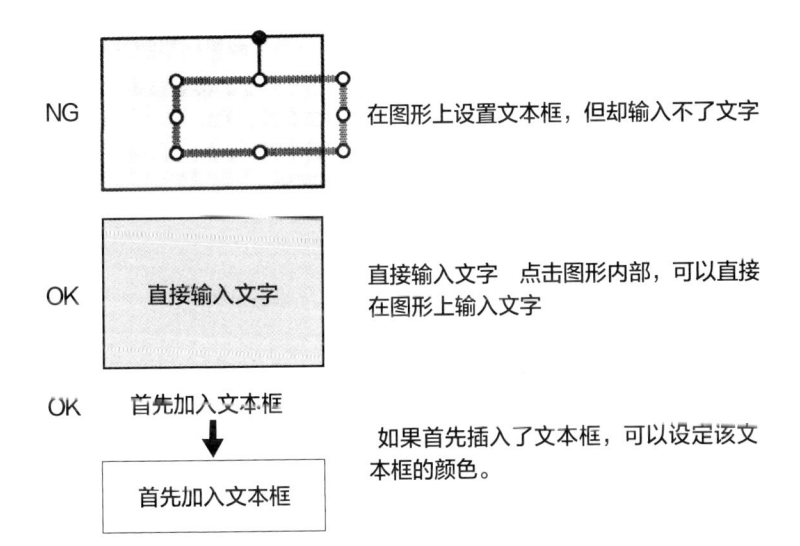

NG　在图形上设置文本框，但却输入不了文字

OK　直接输入文字　点击图形内部，可以直接在图形上输入文字

OK　首先加入文本框　如果首先插入了文本框，可以设定该文本框的颜色。

④ 复制图形

横着错开排 用小拇指和无名指按住 Shift 和 Ctrl 键，选择图形后，可以使复制的图形横着错开排。

⑤ 自动换行

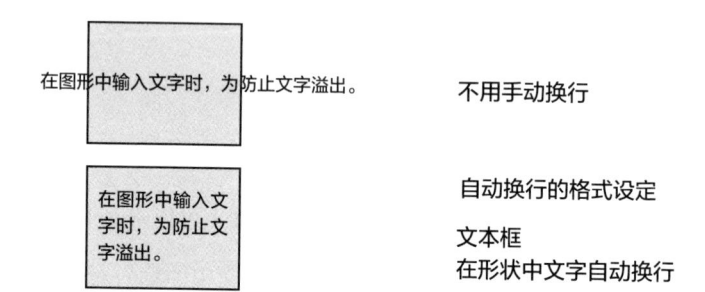

在图形中输入文字时，为防止文字溢出。

不用手动换行

在图形中输入文字时，为防止文字溢出。

自动换行的格式设定

文本框
在形状中文字自动换行

⑥ 文本框内也不换行

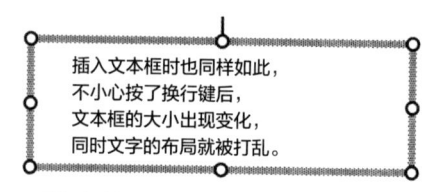

插入文本框时也同样如此，
不小心按了换行键后，
文本框的大小出现变化，
同时文字的布局就被打乱。

插入文本框时
也同样如此，
不小心按了换行键
后，
文本框的
大小出现
变化，同时
文字的布

局就被打乱。

缩小文本框时,文字布局被打乱,
插入文本框时
也同样如此,
不小心按
了换行键后,
文本框的大
小出现变化,
同时文字的
布局就被打乱。

不手动换行，而是文本框本身自动调整文本框大小。

第 3 章　资料制作技巧

⑦ 矩形由四个正方形来制作

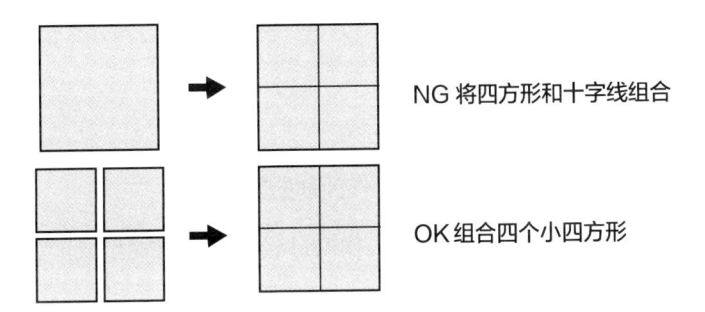

NG 将四方形和十字线组合

OK 组合四个小四方形

⑧ 连接图形时使用"连接点"

使用直线的话……
· 直线会溢出
· 改变图形大小时线和图形的布局被打乱

⑨ 一次性调整图形位置

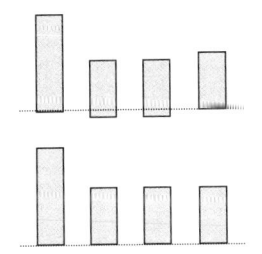

手动移动图形的位置时还是会有微小的不整齐，看起来不舒服。

利用图形统一功能，可以一次性调整位置。

19 从预设结果推算出工作计划

重要性 ★★☆　　难易度 ★★★

"做空包"是一种制定工作计划的方法。

简单地说,就是在着手工作时已经有了最终成果或产品的框架结构。

首先对最终的产品做出构想和设计,由此倒推出需要哪些必要的工作,最后将这些工作落实到行动上。这就是从目标倒推当前工作的工作方法。

在咨询行业中,这种方法很常见。但是了解的人并不多,我在这里介绍一下。

首先,从结果倒推,找出必要的工作

很多人在制作资料时,总是先调查、收集相关信息。将一定量的信息罗列调整后,便大功告成了。

咨询师一般采用从成果倒推的方法。这个方法叫作"输出驱动(output-driven)"。制作资料时,**首先勾勒出最终资料的大致构成**。

第 3 章 资料制作技巧

> 输出驱动
>
> 着手工作时,首先预设出最终成果的大致构成,
> 然后由此倒推开始工作。

具体来说,就是利用 PPT 先写出各个标题,做出资料的大纲。仅仅有标题没有内容,每页的 PPT 就叫作空包或空页。

那么,如何填充 PPT 的内容呢?这就需要理出工作任务,也就是说要从最终成果倒推每页 PPT 的内容。

> 写出最终 PPT 的标题,做出没有内容的空页
> PPT,整理出填充内容的工作任务。

大家可以用身边熟悉的问题练习这种方法。比如说你要举办婚礼。让我们试着用"空包"方法制定婚礼的安排。

一般情况下,你会先向婚礼会场要资料,然后翻看《ZEXY》(日本婚庆杂志),总之先试着收集婚礼的信息。等收集得差不多了,就进入实质性探讨的阶段。

而如果我们采取最终成品倒推的方法,就会先做婚礼的具

125

体流程。比如几点开始，谁做致辞，婚礼上放映什么内容，上什么菜品，等等。

即便没有具体的内容，也要理出主要项目，确定婚礼流程——也就是空页流程，然后研究如何填充。讨论后从婚庆杂志或网络上收集必要的信息。

比如说，如果宴席桌上要摆客人的姓名牌，那么究竟要向谁送喜帖？喜帖要设计成什么样子？回复喜帖的截止日期设定在什么时候？这些问题会自动被提炼出来，而这就是需要商讨的问题和工作的安排。

制作"空包"的好处

制作"空包"有以下好处。

①可以预想最终成果的轮廓

能够设想出最终成果的轮廓，能够明确目标和意义。

②能够提炼出必需的工作内容

从最终成果逆推，就可以列出必须完成的工作清单。

比如说，有一页PPT标题是"谁是熟客"，其中没有内容。因此必须要对熟客做出分析。比如说对网站登录情况的解析图和购买数据的对照分析等。这些都是该页 PPT 不可或缺的元素。

而且，通过逆推制作图表需要什么样的数据，可以落实具体的工作计划。

③可以列出行动计划

工作列表就是行动计划本身。

④列出每项工作后，就能同时委托多人同时展开工作

这个效果容易被人忽略。工作清单做出来之后，就会得到最终成品的轮廓。所以在一开始头脑中就清楚哪些工作可以同时进行，从而安排多数人同时工作。

⑤没有遗漏

能够防止在最后阶段出现内容不充分、遗漏等问题。

制作"空包"是比较专业的工作，也许对刚进公司的新人不是那么简单。但是，无论做什么事情都要养成从最终成果逆推的习惯。即使不是大型项目，而是日常琐碎的小问题，也可以灵活运用该思维方法。比如旅行计划、假期安排、提高英语能力等。如果将这些问题都看成是一个项目的话，就可以试着运用该方法。

> 无论做什么事情，都要培养从最终成果来逆推的习惯。

下面这本书籍中有针对"空包"的分析说明。

参考书籍

《边思考边奔跑——磨炼世界型人才技能的五种力量》（秋山由香里著）

- **首先制作最终成品轮廓**

首先，设定最终成品轮廓，然后倒推出必需的工作内容，落实在自己的行动计划中，也就是从目标开始逆向推算。

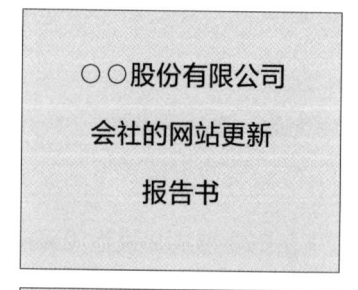

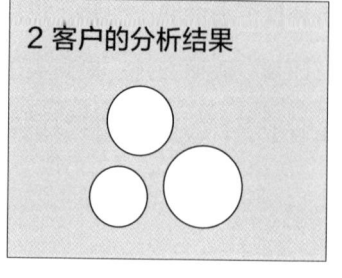

○○股份有限公司会社的网站更新报告书	1 项目背景和目标
2 客户的分析结果	3 ○○网站的熟客是XX 通过网站点击的解析做出提案

● 首先制作最终成品带来的好处

①明确最终成品轮廓

②找出必须要做的工作

③可以制作行动计划

④列出工作内容，可安排多人同时工作

⑤消除遗漏

```
┌─────────────────────┐   ┌─────────────────────┐
│ 4 熟客的行为特点      │   │ 5 △△是瓶颈          │
│                     │   │                     │
│   ┌─────────────┐   │   │   ▷▷▷▷▷            │
│   │   比较表    │   │   │                     │
│   └─────────────┘   │   │      流程与瓶颈      │
└─────────────────────┘   └─────────────────────┘

┌─────────────────────┐   ┌─────────────────────┐
│ 6 培养熟客的计划      │   │ 7 更新的方向         │
│                     │   │  ·设计 / UI          │
│   ┌─────────────┐   │   │  ·系统              │
│   │             │   │   │  ·目录              │
│   └─────────────┘   │   │  ·功能              │
└─────────────────────┘   └─────────────────────┘
```

20 检索型阅读法

重要性 ★☆☆　　难易度 ★☆☆

作为一名咨询师,在面对未知领域时,必须要在短时间内通过自我学习,达到一定程度的专业水平。特别是刚进公司、不了解任何专业知识的新人,如果不能下大力气迅速地学习,掌握丰富的知识,就会跟不上公司的工作进度。吸收知识的速度一旦怠缓,工作上也会出现纰漏。

咨询师的阅读法

比如说,上司交给你四五十厘米厚的资料,要你迅速看一下,汇总出要点,明天交给他。

如果你把资料从头到尾详细地读一遍的话,根本没有时间汇总。

这时候就需要高效的阅读法和学习法,关于这点在拙作《咨询师的读书术》中有详细介绍。在此我只介绍其中的精华。

主要是以下几点:

明确、紧扣阅读目的;

像网络检索一样检索目录,选出所需内容,只读重点;

尽量多方面、浅层次地接触大量文献。

大多数咨询师似乎都在用这种阅读法。在撰写本书时的采访中，我也询问了其他咨询师，结果发现，大家的阅读法和上述方法基本相同。

负责事业拓展的咨询师秋山由香里原本从事工程师这一职业。在刚进公司时，她对经营几乎一窍不通。既没有读过《日经新闻》，也不知道基本的会计专业术语"固定资产折旧"。她说自己当时有九成的会计专业术语不能理解。因此，她被迫要用最快的速度掌握会计学知识。当时她运用高效阅读法和学习法，用三四个月进行了填鸭式的恶补，再有不足之处就去培训班充电。

为了补课，她一年中阅读的书多达 800 本。说实话，我也大为惊叹。但她的目的是"吸收必要的知识"，而不是阅读量，因此比较本数也没什么意义。当然，她读书也不是从头到尾一字一句地读，只不过是为了掌握必要的知识，用了 800 本书。

明确读书目的

明确读书的目的是第一个要点。

很多人总是在没有明确阅读目的的情况下，随意选一本书，从头读到尾。一本书中需要的信息和不需要的信息都混杂在一起，但很多人阅读时毫无取舍，面面俱到。也就是说"从头至尾，唯书是图"，忘了自己的目的：想要知道什么、想要干什么、为了什么。

目的不同，阅读的方法也要变化。秋山女士举了个例子来解释：

"读司马辽太郎[1]的小说时，目的不同，阅读的要点也会改变。是要了解幕府末期[2]的历史背景？还是要知晓坂本龙马[3]的领袖精神？不同的阅读目的，也会有不同的阅读视角。"

所言极是。

即使阅读同一本书，**如果目的不同，应该关注的点和需要阅读的点也会不同**。因此，在开始阅读前就要明确目的："我想通过这本书知道什么。"

阅读时有目的地阅读书中内容
而不是漫无目的地泛读。

有目的地读书，就不用一字一句地通读，而是依照目的，只着眼于书中有用的部分阅读。

1　日本著名历史小说家。——编者注
2　一般指十九世纪五六十年代，明治维新之前。——编者注
3　日本明治维新时期的维新志士。——编者注

把书籍当作资料文件，有选择地阅读

确定目的之后，就大致地看一下目录，在相关的章节通过贴标签、折页角等方法做好标记，只读自己需要的内容。

另外，阅读时不是读一两本书就罢了，而是尽可能地接触大量的书籍资料，阅读其中必要的部分。这种阅读方法和网络检索很相似。

比如说，如果不知道"固定资产折旧"的意思。这时候，谁都会上网搜索一下"固定资产折旧"这个词汇。而这个过程就是怀着"了解固定资产折旧的意思"这一明确目的上网检索。擅长检索的人能够检索明确的关键字，也能明确检索目的。

接着，页面出现检索结果时，一定不会全部阅读搜索结果。检索的量太大，根本看不完。

先粗略地看一下检索结果，点击看上去相关的页面，从中有选择性地浏览。如果打开后发现内容无关，就马上关闭。

在网络检索时，大家都下意识地掌握了这种选择性阅读法。

但是当阅读纸质书籍时，目的就会变得不明确，也无法做到选择性阅读。这是为什么呢？我想大概是因为书籍不便宜，一次只能读一本。

但咨询师之所以能在短时间内掌握资料的重点内容，就是因为他们采用了这种网络检索式的阅读法。也就是说，**他们接**

触大量的资料，经过检索和筛选来汲取知识。

> 像检索网络一样，按照目的，
> 把书当作资料来检索和有选择性地阅读。

那么，一般情况下，咨询师针对一个课题会阅读多少资料呢？

刚刚介绍的秋山女士在不久前针对"未来餐桌"这个课题，调查了什么东西可以代替肉。她用两三天阅读了关于畜牧技术和人造肉制作方法的资料，这些资料摞起来大约有两米高。

她说，有目的地对大量的资料或书籍有选择性地阅读，才能在和有关专家沟通时，抓住重点来探讨。

现在有一种刊物叫作《管理人新书评价》（executive book review），是**介绍畅销书主要内容的**。主要是面向忙碌的管理人员。刊物汇总了书籍的要点，可以使人在短时间内了解新书的主要内容。利用这种刊物也是非常有效的工作方法。

当然，也有声音批评这种方法不过是临时抱佛脚而已。

我却不这样认为。**通过粗略的阅读，读者可以掌握书的框架结构，从而抓住关键，摒除不必要的信息。**

接着，针对课题中核心的问题，再找到更专业的书籍深入阅读。

这样下来，通过阅读获得的知识不仅广而浅，也能做到广而深。

参考图书

《咨询师的读书术》（大石哲之著）

《边思考边奔跑——磨炼世界型人才技能的五种力量》（秋山由香里著）

21 抓重点——让工作速度倍增

重要性 ★★★　　难易度 ★★★

咨询工作要求速度,而且是非同一般的速度。

但是,这并不是说因为咨询师相当优秀,思维相当敏捷才能做到高速地工作。每个人每天都是 24 小时,没有人多也没有人少。一个人再怎么精力充沛、思维敏捷,也不可能用别人十倍、二十倍的速度工作。那么咨询师高速工作的秘诀是什么呢?

> 高效工作的秘诀只此一条:彻底甩掉非必要的工作。

只关注最核心的问题。细枝末节对目标没什么影响,可以抛开不做。这种思维方式叫作**"抓重点"**,也叫作**"80/20 法则"**。

比如说:

"80% 的销售额是由 20% 的客户带来的。"

"80% 的问题来自 20% 的业务。"

"组织的运作取决于 20% 处于领导层的人。"

也就是说,**工作时要抓住能够决定 80% 的 20% 的那部分。**

如只分析 20% 的内容就能解决问题,工作的速度就是之前的 5 倍。即使花同样的时间,也能用原来 5 倍的强度去深入研究和挖掘关键的 20%。

聚焦关键点，深入分析，抛开多余部分

咨询公司的项目一般是两三个月的短期集中型工作，在这么短的时间里不可能讨论所有课题。

因此，咨询师就要尽早找出关键点，抓到重点，并聚焦于关键点深入讨论。

比如说有一个市场项目，最开始调查客户，并已经抓住了一定的客户倾向。此时，在进一步细致讨论调查内容之前，要先关注一到两个对公司有重大影响力的客户群，然后再对该客户群做深入分析和研究。

也就是说，**要尽早发现重点，摒弃多余部分，对重点进行细致深入的分析和挖掘**。

这种先聚焦再深入挖掘的方法，称为"**聚焦 & 挖掘**"。

而与此相反的是面面俱到。这种方法没有抓住重点，却又拘泥于细枝末节，因此既不能在规定时间内完成全部的研究分析，又因为纠结细节，导致每项内容都无法推进。到最后，时间用完了，最终结果还没做出来。

前文介绍的高效阅读法也是利用了抓重点法和"聚焦 & 挖掘"。这种阅读法首先需要有明确的阅读目的，之后像检索网

络一样对图书内容进行检索和选择，**只阅读必要的部分**。

反过来说，就是不必要的部分不读，彻底地舍弃。而对于通过大致通读而选出的重要部分，则要深入地研究文献资料。这种方法就是"聚焦＆挖掘"。

区别重要问题和细枝末节

很多人不擅长舍弃。主要是因为以下两点：

①对舍弃这一行为有内疚感

即便是细枝末节，如果舍弃不要的话，就会被人当作"抄近路"或是"不正当的做法"，给人一种消极的印象。

但是，"不重要的部分可以抛开""没必要的地方可以不做"。我们要大方地承认这种"不正当的做法"有大用处。

②无法判断哪些是重要部分、哪些是细枝末节

这是极为关键的问题。出现这种情况的原因在于没有思考，没有明确的问题意识。

在读书时，要想明确目的，就要问自己到底想知道什么。不过，因为嫌麻烦，很多人不愿考虑这个问题。而这就导致读书分不清主次，最终只好从头读到尾。

> 关键是对于问题的重要性
> 有自我的判断，
> 否则就没有勇气去放弃。

在我就阅读法这一问题访问秋山女士时，她因为工作原因正在学习俄语。我看了她使用的俄语单词本，里面有编号1到1000的单词，如"719号простить（to forgive）"。

我问她这个编号是什么意思。她介绍说，自己用电脑分析了俄语的报纸和杂志，按照出现频率列出了最常用的1000个单词。

无论什么语言，只要记住常用的1000个单词，就能理解日常生活的大部分内容。只要先选定1000个常用词，然后牢记就可以。虽然还是要死记硬背，但是效率会更高。

这也是可以称为"抓重点"的学习法。

秋山女士除了俄语，也用同样的方法学习了英语、法语和意大利语。

下面这本书详细地说明了如何放弃，如何让努力更有效率。

参考书籍

《锻炼得分力》（牧田幸裕著）

22 项目管理法
——课题管理表

重要性 ★★☆　　难易度 ★☆☆

如果学会项目管理的基础，便可长期受用。我在进入咨询公司的第一年，通过IT相关的工作，掌握了项目管理的基础知识。

项目管理是指当有多个人参与工作时，管理工作进度、课题，制定工作决策等。一旦参与工作的人数较多时，就要求用严格的项目管理来保证工作顺利进行。参与IT项目开发的工作人数有时多达几百人，有必要严格地管理工作进度，确保工作平稳推进。

关于项目管理的技能类型很多，如果想要全部掌握恐怕学习起来很吃力。这其中有一个相当于项目管理原型的技能，容易上手，并且可以受用终身。

这就是"课题管理表"。

就是在Excel表中罗列出在项目中运行的课题，制成让相关人员可以相互确认进度和状态的图表。如果掌握原型的制作方法，那么在面对不同的情况或不同领域的工作时，就能在原型的基础上制定具体的"课题管理表"，并且能够长时间发挥它的作用。

面对不同的任务，那些曾在咨询公司就职的人总能制定课题管理表，顺利地推进工作。可以说这也是咨询师的一个特殊技能。

可以使用课题管理表的领域一般是有许多人参与工作的多个环节，要求最后做出共同成果的工作。

"项目"一词听起来有点夸张，但是拿身边的例子来说，从策划新年会、开办运动会、计划疗养旅行，到搬家、盖房子等，都可以用到课题管理表。实际上有的咨询师也是这样做的。

下面，我们以网站更新为例，看看是怎样用课题管理表推进工作的。在网站更新的过程中，从重点核心到细枝末节等方方面面都会出现大量的课题。比如：

"商标的颜色太暗。"

"用 IE 浏览器的话，网页有的部分显示不出来。"

"产品检索真的有必要吗？"

"检索功能不能用。"

....

像这样，会有很多需要讨论的事项出现。如果只是用邮件拖拖拉拉地沟通确认的话，相关人员很难把握工作进展的情况。

项目中有工程师、设计师、程序员等很多人参与进来，如果每个人都按照自己的时间去联络汇报工作进度和工作成果，那么就无法判断在哪些地方需要修订，什么地方已经落实，什么问题还在探讨研究中。

这样，当项目中有多名参与者，且工作地点不一致的话，如果不对工作情况做细致的整理，就会出现对项目本身的认识偏差，从而导致本应完成的工作被延误，工作方向出现偏离，工作顺序杂乱无章。

而这个时候就到了课题管理表一展风采的时候了。

我们可以通过课题管理表厘清工作课题，统一项目相关人员的认识。具体来说，就是课题管理表中必须至少有以下项目。在 Excel 表中，横向排列以下项目，纵向排列课题编号。（参照本节末尾表格）

- 编号　日期
- 标题　　　　　商标颜色
- 课题内容　　　商标颜色太暗
- 解决方向　　　下次提出较为明亮的设计提案。
- 目前状态　　　商讨中
- 负责人　　　　山本
- 期限　　　　　2014/8/30 之前

我再举个例子。去年，我正是利用了课题管理表撰写书籍的。共著书籍的人再加上协助书写的人一共三个人。虽然基本上都是通过邮件沟通进度，但正是利用课题管理表去管理出现的问题和工作进度，使大家对工作情况有了明确的认识。

比如说在刚开始的阶段，首先建立 Excel 表，尽量填入较多的课题。填写时不用思考太多，只是把想到的课题填进去就好。例如：

"首先需要对谈话内容做录音和文字整理。"
"要做成书还需要 30 页的内容，思考内容的添加修改。"
"决定编辑方针。"
"委托封面设计。"

这些内容和单纯的备忘录或 To Do 列表没什么两样。

而要想让这些内容发挥效果还有三个重要的方法。这三个重要的方法是区分单纯的 To Do 列表和课题管理表的关键点。

第一个是负责人：首先要决定谁负责课题管理

第二个是期限：在什么时候完成

第三个是方向：解决课题要采取什么方法

特别重要的是第三个。比如说"录音整理"一项，在方向一栏中写入解决问题的大致要求，比如"有错字漏字也无妨，

在下周前准备好录音的文字版"。

接下来，输入内容的核心就是**摈弃主观性的模糊不清**。这一点很重要。

比如说在解决方向性一栏中不能写"下周之前要加油""妥善处理"等含糊不清的内容。如果这里模糊，那么即使到了下周问题还是没解决。虽说是"可能达成的目标"，**但最重要的是目标设定要具体，能够让人看到工作完成之后的状态。**

因此，下面的问题就变得重要起来了。

使用数字，不能写"考虑追加方案"，而是要写成"做出三个方案"。

"录音整理"要明确结果需要达到什么水平，如"暂且准备文字版初稿方案"。

不断地更新和管理这个表后就是"**工作进度会议**"。课题管理表的内容标题就变成了工作进度会议的主题。

- 追加新课题
- 复杂课题要细化调整
- 决定负责人和期限
- 决定解决的方向和草案

这个表的空白处全部填好后就代表会议结束，不需要会议记录。这张表就是会议记录。剩下的就是各个负责人去努力推进工作了。接下来,就是下周再次确认进度。如果能够利用这种会议形式去把握工作,项目管理者的地位和影响力也都会得到不断提升。

> 课题管理便是推进项目工作的引擎。
> 互通课题,决定分工,确定期限,推进工作。
> 这才是最简单的项目管理方法。

简洁的课题管理表基本结构

明确①负责人②期限③对策方针
利用数字,明示工作的进度
去除模糊部分

No.	内容	课题	解决方针	结果	负责人	现状	期限
1	整理演讲录音	部分演讲内容没有录音(从提问环节开始)	寻找是否有其他录音者。主要是出版社、社团成员等。	调查结果没有录音。放弃寻找,边回想提问环节的内容边书写。	大石	完成	9/14
2	提问环节的书写	制作问题	吉田通过回忆采访内容做出15个提问。从中选出10个,重写义稿。	完成	吉田	完成	9/20

145

（续前表）

3	提问环节的书写	第五个提问的回答内容中少了大石的回答		针对这个问题，大石没有做回答也可以。	大石	完成	10/15
4	标题	做出标题方案	各自出五个标题方案，下次会议讨论。		大石 松井	进行中	10/20
5	封面的大致想法	有必要告诉设计师封面的大致想法	大石、松井负责搜寻与构想相似的封面，交给设计师。		大石 松井	进行中	10/20

第4章

专业·商务精神

23 创造价值（Value）

重要性 ★★★　　难易度 ★☆☆

咨询师常常挂在嘴边的一句话就是"创造价值"。

"你的工作有没有价值？"

"这份资料有没有价值？"

在咨询公司时，我的耳边每天总是交错着这样的话。

那么"价值"的意义到底是什么呢？

Value 直译过来就是"**附加价值**"的意思。

简单地说就是"**对他人的贡献**"。

只有对他人有贡献，让对方感觉有价值，工作本身才有价值。这里的关键就是：判断自己工作是否有价值的不是自己而是别人。

> 只有对他人有贡献，让对方感觉有价值，
> 工作本身才具有了价值。

工作不是自己想做什么就做什么，而是要满足对方的需求

决定自我工作价值的不是自己而是对方。这和学生时代有很大的不同。学生时代，人们总是把"自己是否满意""对于自己有没有好处"当作价值判断的标准。

对于学生来说，这个标准有助于学习。即便是做志愿者，也是因为志愿活动能够促进自我成长。并且学校的老师也常常教导我们："找到自己想做的事，做自己想做的事非常重要"。

然而，一旦进入社会，我们考虑问题的角度就要从"自己"转换成"他人"。**工作是为了满足对方的期待。我们必须思考的是对方想要什么，而不是自己想要做什么，以及如何才能满足对方。**

职场人不是"消费者"，而是"生产者"
职场人必须思考，如何才能满足客户的期待，
为公司做贡献

学生和职场人在立场上的区别就是"消费者"和"生产者"之间的区别。学生只要作为消费者就可以了。从学生支付学费的角度来看，大学课程、社团活动、志愿者活动等都是在消费。

从广义上看，这些都是追求自我满足的消费活动。

如果支付了金钱，却出现了不符合预期的情况，学生就会失望，就会从消费者的角度，抱怨学校某些方面做得不到位。

但是，有些人进入公司后，却还是像"消费者"一样，"公司没有给我××""公司的××不够"，总是抱怨这个抱怨那个。

但是，作为职场人，就不能再从"消费者"的角度考虑问题了。**你不是公司的客户。支付金钱的不是你而是公司。**

在工作中，这种"消费者"的态度如果不加以改变，就很容易只看到对公司不满的地方，认为公司处处都非自己心中所想，最终导致自己去寻找更好的商品（跳槽）。

但是，你真正的角色是"生产者"。进入公司后，作为职业人士，**你的责任就是为公司做出贡献，就是去满足消费者和商务客户。**

学生＝支付费用的消费者

职场人＝收取费用的生产者

职场人不能采取消费者的态度

如果你的公司有线上服务，那就满足线上客户的需求；如果你的公司制造机械，那就要制造出让客户觉得"效率高""成

本低"的产品；如果你的公司是旅游公司，那就为客户提供一生难忘的旅程。

如果是咨询公司，那你的目标就是能让客户公司推进改革、提高效益，除此之外都不重要。

> 你想做的事、你的喜好和愿望都不重要。
> 重要的只有一点：
> 给出可以提高客户公司效益的有价值方案。
> 你是否做到了？

咨询师需要思考的问题仅此而已。这也是所有商务人士需要面对的问题。

将为他人做贡献当作自己工作的目标

本节开头的问题"你的工作有没有价值"的意思是，"你现在是在为解决客户问题而工作，还是为了工作而工作？"

开头的另一个问题"这份资料有没有价值"的意思是，"这份资料是对客户有帮助，还是为了讨上司喜欢？"

我们要时常思考这些问题。

只要是客户认为没有价值的，无论花多少时间去做，也不过是自我满足而已。

这种工作毫无价值。咨询工作中，将给他人做贡献当作自身的快乐是很重要的素质。即便换成其他工作，也有顾客、消费者和客户等值得为其做出贡献的人。只要关注他们，即便是没有任何技能的新人，也能做出应有的贡献。

创造价值，听起来有些夸张，但其实贡献并不需要多么大。新人也不可能随随便便就创造非凡的成绩。

作为没有工作经验的新人，能做的就是多花时间，把努力就能做好的工作认真地完成。**但即便如此，只要持续关注你应该贡献的群体，你的工作就有存在的价值。**

只要客户不认为"有价值"，
你无论多么努力，
也只是自我满足而已。

---

24 不发言，勿开会

重要性 ★★☆　　难易度 ★☆☆

"会议上不发言的人，其价值是零"——这是咨询公司的价值观。

但是，在传统的日本公司中，尤其是年轻人在会议室沉默寡言的现象已经司空见惯。那么，我们应该如何理解这样的差异呢？

我们来想象一下电视综艺节目。台上有艺人或文化人等嘉宾共20人，负责带动气氛的娱乐主持人用法律案件当段子和嘉宾们互动聊天。

但是，在一个小时左右的节目中，有个嘉宾一句话都没说。其实，如果有20个嘉宾聊天的话，其中有一个人什么都不说也不是不可能。

如果人家发现有这么一个人时，心里会想：

"这人为什么会来参加节目呢？"

"电视台会给这人出场费吗？"

这是理所当然的问题。

如果不说话，为什么来参加节目？一声不吭的人凭什么收出场费？能上电视很重要吗？是不是凑数而已？莫非负责"坐着不说话"？大家会有很多猜测。

电视台从来不邀请不发言的嘉宾上节目。只要上节目，节目组都会请他们讲话发言。这样才合情合理。

但是，在商务场合中，有时就会出现很多坐着不说话的人。

如您所想，就是开会的时候。

会议室整整齐齐地坐了 10 个人，而发言的人只是某几个固定的人。

大部分人都沉默寡言，只是时不时点点头而已。除非专门有人请他们发言，否则就一言不发。然而如果从头到尾都只是点头的话，价值就是零。

> 参加会议而一言不发
> 就像上节目不发言的嘉宾一样，价值为零。

一言不发毫无意义

在我刚进咨询公司第一年，出于两个原因不敢在会议上发言。一个是自己是新人，非常紧张，不知道开口合不合适；另一个是自己没有十分成熟的意见。

会议之后，我被经理叫住了。

"大石，你来开那个会有什么意义？你要是不发言，下次就不用来开会了，去做调查。"

我大吃一惊。这完全像是被人指名道姓地说"你没用"一样。换作电视节目的话，就是被节目组除名了。

但是，给我震撼最大的还是经理这么说的理由——会议不需要不发言的人。我也没想到会被这样批评。虽然明白公司不是一个说话委婉客气的地方，但是没有想到竟是如此地直接严厉。这次批评让我刻骨铭心。

不发言的人确实不会创造任何价值。即便意见毫无亮点，开动脑筋在会议上提出自己的想法也比什么都不说要有意义。沉默毫无意义。

传统的日本公司中也许会有"发言糟糕的话会惹祸上身"的氛围。有的公司还会因为顾及面子、长幼尊卑，就默认没有上司的许可不能随便发言。

但是，从咨询公司的价值观上看，**不发言的人价值为零**。

开会不是举行仪式，而是团队联合起来踏踏实实地推进工作。在团体中，假设有一个人什么都不干，既不出主意，也不提意见，那就等于这个人对会议毫无贡献。

在别人看来，这种沉默的态度并不是出于"委婉礼貌"或"顾及他人"，而是"**没有对团队做出贡献的热情**"。

被这么认为也就罢了。但是，有时候别人会认为你"不具备做出贡献的能力或素质"，简单地说就是认为"**你无能**"。

参加会议也会产生成本费用

更何况，即使一个人在会议上一言不发，毫无贡献，也要有人负担他的人工费。咨询师是客户支付金钱雇佣过来的。假设咨询费是一个小时一万日元的话，在一个小时的会议中，如果有一个人从头到尾全场沉默，那么客户就要为这个丝毫不产生价值的人支付一万日元的咨询费。

这就相当于电视台要给一声不吭的嘉宾支付出场费。从客户的角度看，这是完全无法接受的。在公司内部开会时，这种成本意识容易变得淡薄。但咨询师的费用按单位时间结算，因此会时刻被人监督是否做了和薪酬相应的工作。所以即使只是在会上沉默寡言，也会受到严厉的批评。

公司开会时，也会产生人工费。

参加会议时，是否做了符合自己薪酬的工作？

我在咨询公司第一年时，无论大事小事都被要求贯彻这种专业精神。什么才是专业人士的行动基准和行动规范？如何才能成为专业人才？

咨询公司的第一年也是掌握逻辑思考技能的时期。但是，比掌握技能更重要、更基础的是深刻地领悟专业精神。因为**专业精神即便几十年之后也不会过时，会陪伴你一生**。

25 牢记"时间就是金钱"

重要性 ★★☆　　　难易度 ★☆☆

"时间就是金钱,要珍惜时间。"

我们总是会听到这种话。但即便如此,这其中还是有些难以透彻领悟的地方。

在开始从事咨询工作之前,我对"时间就是金钱"没有丝毫的概念。但是通过就职第一年的一次经历,我深刻体会到了这句话的含义。

当时我被派去参与进公司以来的第二个项目,要在客户的办公室做项目。在那之前多是在自己公司的办公室内做资料、谈问题,仅仅是在碰头会时才去客户公司。但是,在这个项目中,我要在客户平时工作的地点办公。也就是说,我们咨询团队的一举一动,客户都看得一清二楚。

休息时间也有金钱成本

一次,我去吸烟室休息(我不抽烟,就是买了点饮料,到休息室放松一下),吸烟室也有客户公司的员工在抽烟小憩。

我和同期的咨询师闲聊了很长时间,在休息室放松得有点过度。

之后，项目经理就把我叫出来，向我说了下面一番话：

"大石，工作累了不是不能休息，但是要把握好休息的时间，**另外，休息时也不要忘记作为咨询师的专业精神。**"

经理批评得很对。不要放松太长时间，尽量不要闲聊，这是工作的规矩。

但是，经理接下来说的理由，却和我当时想的大相径庭。

"大石，这不是工作上的什么规矩，而是费用的问题。你知道我们公司向客户收取的咨询费是多少吗？你虽然刚进公司，但你咨询工作的费用也包含在其中。基本上是一个小时一万日元。**如果休息了20分钟，那费用就是好几千日元。**客户可是在看着这些钱用到了什么地方。因此，作为咨询师即使休息也不能忘记专业精神。"

这一席话，仿佛是当头棒喝！

一个小时居然有一万日元，这个价格让我震惊。初来乍到的我从来没有想到，公司向客户收取了这么高的费用。

在我看来，我不过是休息了一小会儿，但是在客户看来，他们要为我的闲聊花费几千日元。

只是一味听别人说"时间很重要"，想必不过是耳边风。但一旦把时间和钱挂起钩来，我才真正领悟到其中的道理。

从那以后，我工作疲劳的时候，休息是要休息，但也是安安静静地休息。即使说话,也不会聊很长时间,只谈论认真严肃的问题。

经理的一番话,让我对时间成本有了很深的体会。

后来,我不再做咨询师,自己开办公司。当我作为一个老板时,又对"时间就是金钱"的概念有了新的理解。

老板为员工支付薪资。员工看来,时间也许不是金钱。**但是站在老板的角度来看,员工的时间就是金钱。**

一旦看到员工偷懒,或是工作效率不高时,作为老板就觉得自己的钱浪费了。

> 从客户和老板的角度来看,员工的时间就是金钱。

当然,构建使员工心情愉悦的环境,制定使员工高效工作的机制,都是老板的责任。老板并不只是强迫员工劳动,榨取时间。

即便如此,老板还是希望员工在公司工作时,有"时间就是成本"的强烈意识。

即使是新人,举手投足也要体现专业性

希望大家不要误解,有时间成本意识并不是意味着"完全

不要做无用的事情"。

刚进入公司时，我也曾做过不少低效率的无用功，浪费过不少时间。我并不是责备这种浪费时间的行为。因为在不断尝试的过程中，一定会有无用功和失败。

重要的是，**作为咨询师，至少工作上的举止要体现专业精神。**

也就是说，即便效率低，只要用自己现有的能力，做最大的努力就好。

希望大家能够记住我在休息室的故事，时刻反思自己对待时间的态度和自己的行为是否体现出了专业精神。

**在不断尝试的过程中，失败无可避免，
即便没有经验，作为专业人员，是否做出了最大努力？**

26 速度质量两不误

重要性 ★★★　　难易度 ★★☆

"好东西就得花时间做。"

"要想质量高，必须时间长。"

这些都是很多人口中的"常识"。

但是，进入咨询公司后我马上学习到了，至少在工作上，这种好东西需要花时间做的常识都是骗人的。

甚至可以说，如果能够早点把基础做出来，然后让可以改善问题点的 PDCA[1] 循环高速运转，也可以在短时间做出高质量的成果来。

> 不花时间就做不出好东西。一派胡言！
> 提升速度，质量也会提高。

Quick and Dirty？（速度快不美观？）
Slow and Beauty？（速度慢而美观？）

---

[1] PDCA 是管理学中的一个通用模型，分为计划（plan）、执行（do）、检查（check）、纠正（action）四个部分。——编者注

"大石，时间要花在刀刃上，别浪费在毫无意义的问题上。"

这是我参与第一个项目时上司对我的批评。

那时，我正在做 PPT 资料，我小心翼翼地在页面的右上角加一个位置指示。位置指示就是表示"这是第一章，你现在读这个地方"的标志，也就是网页上常见的标志。

但实际上，资料最重要的是其中的内容。最重要的还没有做出来，我却把时间都浪费在了追求形式上。果不其然，最后 PPT 的内容漏洞百出。

"你知道吗？大石，最终的正式资料，形式不是不重要。但是你刚到公司，真有时间在次要的形式问题上不断纠结吗？你做资料花了一天，但是真正的内容却一点没有。你不过是用个漂亮的指示标，在笨拙地模仿正式资料而已。连内容都没有，光靠形式怎么能蒙混过关呢？"

我心想"糟了"，再这么下去，上司也许会给我打个最低分。这个公司的人能力都很强，光靠形式是无法糊弄过去的。

经理接着这么说道：

"大石，要记住 Quick and Dirty！"

"Quick and Dirty？"

我第一次听说。

"它的反义词是 Slow and Beauty！" Quick and Dirty 直译的话就是"迅速，不美观"。

与其花时间去追求完美,不如快点做,不美观也没有关系。也就是说,即使形式上不好看,也要早日完成。

> 迅速,不美观。
> 不必追求完美,只需尽早完成。

现在我就用我原来一个同行的失败经历来说明速度的重要性。

他名叫牧田幸裕,以前也是一名咨询师,现在在信州大学经营研究院执教。这是他刚做咨询师时候的事情。

他参与某制药公司的咨询项目,经理交给他一个工作。

"牧田,你调查一下,我们对手公司的MR(医药情报负责人)一天中是怎么活动的,比如说每天跑多少医院,对医院的医生们做些什么事之类的。"

他听后就轻松地答应下来了。其实如果仔细想想,就知道这个调查并不容易。但是,那时候的他对于"什么信息很难弄到手"毫无感觉。他以为只要交给调查公司,结果很快就会出来。调查公司有杂志报纸的数据,只要委托他们,就会替咨询师去找相关报道。他在迅速把任务交给调查公司后,就放心地去喝酒了,心想:

"明早数据一定会堆积如山了。"

次日早上，来到他面前的是一张薄得可怜的报纸。

这种失败对新人来说算是很常见的。不过，他担心上司会生气，骂自己没用，就自己继续调查。

"去书店应该能找到点线索。"

他打的去了八重洲书中心[1]和丸善[2]。结果一无所获。正在这时，经理打电话过来了。

因为没法向经理说出自己现在的窘状，他没接电话。就这样，时间一点一滴地白白溜走了。

"是不是国会图书馆[3]会有？"

结果又白跑一趟。

随着时间一点点过去，经理对结果的期待也越来越大——花了这么多时间，一定是有了非常不错的结果。

他从国会图书馆回到公司时，在电梯里正好碰见经理。

"已经过来两天，调查得怎么样了？你给我报告一下。"

"对不起。什么都没查出来。调查了两天，我认为我查不出来了。"

经理听了大吃一惊，气得发晕。不用说，之后牧田被狠狠地批评了一顿。

1　该店在东京站的大型图书连锁店。——编者注

2　日本出版社名，以经济、医学、自然科学等方面的图书为主要出版物。——编者注

3　全称为"国立国会图书馆"，是隶属于日本国会的图书馆，为议员，同时也为一般群众服务。——编者注

在这里，我想要提醒大家的是，**牧田并不是因为调查不顺利才受到上司的批评**。这一点我们应该深刻领悟。

牧田委托调查公司调查报纸，如果一晚上没有得到结果，在那个时候就应该将"没有调查出结果"的"结果"报告给上司。

"没有调查出结果"，就意味着发现"在公开发表的新闻报道或报告上，没有相关数据的可能性很高"。

"花了整整三个小时调查《日经新闻》，没有得到想要的结果。委托了调查公司，从对方的口气来看，很有可能没什么资料。因此，我觉得与其找文献，也许改变一下调查的方向更好。比如去问问制药公司之前的员工，或是医生和药店的人。您觉得怎么样？"

如果当时牧田能够对经理这么说，经理会有什么反应呢？

经理绝对不会生气。虽然现状不乐观，但是却减少了调查两天而一无所获的风险。

因为在调查三小时后还毫无结果的时候，本可以改变调查方法的。

"毫无结果"的结果本身就是宝贵的发现。

只要发现"此时的方向有问题"，就能马上调整方向，踏上正轨。

牧田总结说："我们不要100分，不要三天做出的100分，而要三个小时的60分。"与其花时间从一开始就以100分为目标，不如尽早推进工作得出结果，即便是做得粗糙一点也可以。这就是"Quick and Dirty"。

这和人们口中的常识正好相反。花时间得满分，这是为了笔试而刻苦训练的学生式思维。当然，也有公司会教导员工，不能做出不彻底的工作，即便是花时间也要完美的结果。

然而，从以下两点来看，"Quick and Dirty"才更适用。

花少量时间定好工作大致的方向

第一个就是时间问题。

其实，把工作从0分做到90分花的时间和从90分做到99分用的时间是一样的。并且，从99分到100分也要花同样的时间。也就是说，越往上走，工作精度的提升越发地困难，即使花再多时间，效率也很低。这是贝尔实验室[1]的 Tom Cargill 提出的"90-90法则"，意思是说：从90分到100分所要花的精力和从0分到90分所要花的精力一样。

因此，就在90分处打住。有时候60分也可以。

也许你会担心60分的成绩完全派不上用场，确实，最后的

---

1 美国晶体管、激光器、太阳能电池、通信网等重大发明的诞生地。——编者注

成果决不能只有60分。**但是决定大致方向的话只要60分就够了。**

比如说牧田的调查，他为了获得100分，搜查报纸杂志、调查文献，去国会图书馆，但是毫无收获。因为这个方法本身就有问题。在刚开始，他就应该改变调查方向。

毫无头绪时，最先要解决的是朝西走还是朝东走，即大致方向的问题。

"文献资料中查得出来吗？还是必须直接问医生？"

实际上，在这里就要尽早得出结论。

粗略地阅读文献发现这个方法不可行。这个结果虽然只有60分，但也是指明大致方向。

如果地毯式一处不漏地调查的话，会花个两三天做出完美的调查。但即便调查本身是100分也没有意义。只要找出真正想要的结果，60分、70分也没关系。

在决定自己朝东走还是朝西走时，根本不需要花上几个月去确认方向的精确度。

花3个小时得出"朝西走不通"的结论才能解决现在的烦恼。然后，就尝试朝东面走，如果又出现意外的结果，就再次调整方向调整路途。

最重要的是，**快速验证假设的反复循环**。

因此，即使粗略也无所谓，要**优先得到大致的答案**。大致的结果中有YES或NO的话，就先把调整精确度这件事放一放（如果有必要做的话之后再做），而是继续向前推进工作。只有这样才能获得到好的结果。

> 无须花大量时间去追求完美，
> 美不美观不重要，重要的是速度。

尽早揭示风险是团队成员的责任

第二点是风险控制。如果截止日期迫在眉睫时，才发现工作的方向有问题，或是之前的做法有问题，那么所有的工作就必须从头再来。

在初始阶段，如果工作方向出现问题，大家还能合力调整。但如果到项目接近尾声时，才发现有问题，那就很难办了。因此，尽早明确方向，厘清头绪。而厘清头绪就要运用"Quick and Dirty"的工作技巧。

> "Quick and Dirty"尽早做出大致方案。
> 让 PDCA 循环高速运转。

牧田经过这番体验,学会了风险控制。他说道:

"如果独自一人包揽工作,可能追求完美也没什么。因为你背负着工作的责任。但是,很多人都在一个小组里工作,除了自己以外,还有上司和同事,而**团队队员的责任就是不要一个人背负起所有的风险**。因此,**尽早揭示风险**也体现出对同事的体谅之心。"

不要为了证明自己完美而有能力,就花几天几夜去夺取100分,而是应该尽早地确定方向,尽快和他人商量研究。这也是"报联商"的精髓。

知道团队的错误而不指出的话,就会加大给团队带来的风险。

尽早和上司商量,明确工作的方向是否有问题。

27 学会"承诺力"

重要性 ★★★　　难易度 ★★☆

对工作的承诺力就是"**必定完成指定工作**"的能力。不仅如此，还要展示超出预期的成果。这不仅关乎信誉，更关乎新的机遇。

客户常常要求咨询师做出高标准的承诺。但即使是咨询师，也并非从学生时代就对任何问题都能做出承诺。

我为什么在这里要强调承诺力对工作的重要性？如何才能拥有承诺力？下面我结合对一位前咨询师的采访来说明一下。

田沼隆志，前咨询师，现为政治家（日本众议院议员）。

对于议员这个职业来说，能否兑现承诺直接影响到个人信誉。可以说，能否坚守诺言关乎政治家信誉的生命。田沼先生说，在咨询公司第一年里掌握的承诺力，让他至今受益。

一旦做出承诺，无论发生什么都要兑现

田沼先生也不是一进咨询公司就有承诺力，他本人也自嘲是"普普通通的菜鸟"。但是，在他被安排参与一个项目的第二天，一件事改变了他的心态。

他和早一年进公司的一位前辈是一组，他们一起制作第二天和客户商谈用的资料。但是，资料制作却发生了许多问题。

第二天就要用，当天晚上还是毫无进展。

此时联络客户请求把商谈时间推后也不是不可以。如果说日程上难以安排，想必客户也能理解。

但是，前辈却选择通宵熬夜去做资料。前辈认为**做不出来资料，不是日程的问题，而是自身能力不足**。

因为，承诺"按照日程准备好所需资料"的人不是别人，就是他们自己。一旦做出了承诺就要去兑现。

田沼虽然有点无法理解，但也只好跟着前辈通宵做资料了。

资料做好时已经是第二天早上了。尽管前一天晚上一页都没做出来，早上已经有了整整 30 页的 PPT 资料。

他们马上把资料提交给项目经理。经理检查了资料，说："没有达到我的期待，不过还是按时完成了，不错。"还是多少表扬了他们。内容虽被骂得一文不值，漏洞百出，但是经理还是仔仔细细地做了多处修改，最后总算是赶上了和客户的商谈。之后，田沼去洗手间小睡了 30 分钟，就精神抖擞地参加了商谈。

他说，从那天开始，他就有了自信和信念：只要努力，就能化不可能为可能。

任何情况下，都不要找借口。

自己做出的承诺，自己必须遵守。

咨询师做出承诺的对象是客户

田沼先生又讲了关于承诺的另外一件事。那天，是他参加这个长达两年半的项目的最后一天。他去向客户辞行。当他到客户部长那里时，部长把办公室的员工都叫了过来，说了下面一番话：

"田沼就像是我们的家人一样，为了我们公司而努力工作。他甚至比我们公司的员工更热爱公司，更为公司着想。在此，我要由衷地表示感谢。"

话音刚落，办公室里50名员工当场全体起立，热烈鼓掌。

一个年轻的新人咨询师在离开项目工作时，居然受到了全体员工的热烈欢送。

也就是说，**要获得别人的信任并非必须有一定程度的年龄和技能**。刚进入公司的新人，不管多么优秀，能向客户提供的信息也是有限的。但是他却受到50个人的信赖，这是因为他信守自己的承诺。

说到这里，如果你觉得"让别人看见自己努力工作的姿态，让别人认可自己的努力非常重要"，那么说明你误解了这些事。

其实这里最重要的是田沼做出承诺的对象。

田沼为什么能够如此努力呢？是因为他想获得经理的表扬吗？还是因为他不想受到别人批评吗？

只是一心想要得到经理的表扬，很难产生如此大的工作动力。最多不过是做一些可以敷衍经理的资料，找一些冠冕堂皇的理由。

但是田沼关心的不是自己的公司，而是客户的公司。

他要协助的不是上司而是客户。他对客户公司的成功做出了承诺，而客户公司也感受到了他承诺的分量。

不要对努力程度本身而承诺。
不要对自家公司的领导而承诺，
要为了工作成果而承诺。
要为了自己所贡献的对象而承诺。

无论对客户做出什么承诺，都要去兑现。

其行动本身就蕴含着超乎想象的、强大的承诺力。

时常拿出超出客户期待的成果。

只有坚持不懈，才能获得客户的信赖。

可以说以上这些就是咨询师工作方法的关键所在。

回首过去，我也曾多次通宵达旦，小心翼翼、如履薄冰地制作资料。

一次，客户公司的骨干员工突然对我说：

"你们○○（咨询公司的名称）太厉害了。无论什么情况下，都能很好地做完资料，太了不起了。但是经常熬夜通宵地工作，你可要注意身体啊。"

那时候，我自己才真正领悟了承诺和信赖的真正含义。原来客户看重的就是这些地方。

求助他人也要首先保证承诺的兑现

再讲一件很容易理解的事。这是在某一位咨询师的新人培训时期发生的。

对于新人来说，培训的内容不仅难，而且还要做大量的课题作业。课题基本上不可能在期限内完成。

其中一个新人拼命努力，总算在期限内完成了课题作业。

另一个新人也很努力，但还是有一部分课题超出了能力范围。于是他就向他人求助。不仅如此，他还让别人代替自己做了一部分。虽然并非所有课题都是自己亲自做的，但还是在期限内完成了。

那么这两个人的工作成果评价会怎样呢？

答案是"一样"，而并非后者的工作成果不行。

当我们在兑现承诺的过程中，出现能力不够的情况应该怎么做？

从个人责任的角度看，会认为这"都怪自己能力不足""要通宵完成"。这些都是以个人为出发点的想法。**但要是从承诺的角度来看的话，应以客户为出发点。**

因此，如果认为自己能力不够，正确的做法就是求助他人。

即使求助别人也没关系。极端点说，即便是把工作全部交给别人，自己就只提交一个结果也可以——只要能在期限内完成就没问题。

因为，你只对客户负责。

要恪守的，永远是对客户的承诺。

兑现向客户做出的承诺是第一位的。

重要的是兑现承诺，不是独立一人完成工作。工作超出自己能力范围时，即使求助他人，也要在期限内完成。

提高承诺力的方法

想必读者朋友已经清楚了承诺在工作中的重要性。但是，抱有强烈意志去完成工作并不是一件容易的事。那么，如何才能怀着很强的承诺力去投入工作呢？

在这里，我告诉大家那些具有较高承诺力的人有以下两点共同素质：

①理解工作内容
②身处承诺力高的团队中

依次来看。

①理解工作内容

为什么咨询公司里的员工都有很强的兑现承诺的能力呢？

这是因为所有人都是因为热爱咨询工作才进入咨询公司的。这里多是思想独立、行动自主的人。没有什么人是为了工作到退休，或是追求稳定才赖在公司不走的。

也就是说，他们不是因为咨询公司这个机构，而是因为咨询师这个职业才进入公司的。

他们理解工作的内涵，并且愿意付诸行动。 因此，对于咨询工作，他们乐此不疲。

我也不会因为加班或是不能按时下班而抱怨，因为工作本身对我来说就是一种乐趣。虽然有时觉得工作时间长很辛苦，但我时刻都因为在做自己想做的工作而感到十分快乐。

> 自己选择并真心热爱这个工作，这种意识能提升承诺力。

②身处承诺力高的团队中

第二点就是身处承诺力高的团队中。**承诺力是可以感染的**。身处一个具有高承诺力的工作环境中，自身也会耳濡目染而重视承诺力。

而咨询公司就是这样一种团队，多数风投企业也十分重视承诺力。

当然，这种公司并不太多，大多数公司是高承诺力的人和低承诺力的人交杂在一起，员工之间有差距。如果你身处这种环境，就要尽量避免受到低承诺力的人的影响。一旦在初级阶段受到了不太注重承诺的人的影响，就会成为习惯，很难根除。

一般情况下，刚进公司不久的新人很难自主选择工作。这时候，即便不是顶头上司，也要请你认为十分信赖的人当自己的指导老师。因为是指导老师，所以即便是公司外部的人也可以。

总而言之，尽量多接触承诺力高的人，努力创造能受到他们积极影响的环境。

> 承诺有巨大的影响力，在公司多接触那些承诺力高的人。
>
> 无论是公司内部还是外部，要找到自己的指导老师。
>
> 重要的是创造环境，让自己受到承诺力高的人的影响。

如果公司整体不重视承诺，有时需要换工作

最后，以下两种情况，我建议跳槽。

第一个是进入公司后发现公司全员都没有什么承诺力。

如果你在这种环境里工作三年，思考方式会受到消极影响。初始阶段养成的不良习惯和行动方式，将来想要改掉非常困难。

另一个是虽然进入了重视承诺的公司，但不清楚选择该公司的真正原因。有的人可能被公司的名声或高薪吸引，有的人可能仅仅是因为被公司录取了而已。

当然，如果能够顺利融入公司，并喜爱上自己的工作的话就另当别论了。但是，如果你一直无法真正融入公司，爱上工作，那么你的承诺力就会和周遭的期待产生巨大差距。

这是非常痛苦的。一不小心就会形成精神压力，导致严重的后果。所以这时，鼓起勇气换工作也很重要。

我现在也是独立创业,并没有一直在咨询公司。

但是,在咨询公司的第一年里我学到了兑现承诺。我把它看作工作中最为重要的原则,现在依然遵守并实践着。

28 拜师学艺

重要性 ★★☆　　难易度 ★☆☆

对于年轻人来说，重要的不是在哪个公司工作，而是和谁一起工作。因此，**比起选择工作环境，我们更要谨慎地选择一起共事的人**。因为无论是为人处世还是工作能力，你都会受到影响。

咨询工作是专业性很强的工作。当然，其中有些技能需要总结，或在课上学习，但是这些知识都已经在书店里摆放的书上写得一清二楚了。

一些可以用言语解释的工作技能已经普及，无法分出高低水平。但除此以外，**工作中只可意会不可言传的部分才是对专业人员来说最重要的**。

Professional（专业）来源于向神起誓（profes）一词。因此，专业一词的含义就超越了利益和理性，把非物质性的问题放在了首位。正因为如此，医生、护士、音乐家、体育选手等专业人员，除了技术以外，还具有其独到的美学和哲学见解。

而且，这些美学和哲学只有通过在老师身边的学习、观察和模仿才能领悟。世上通行的依然是"师傅带徒弟"的制度。因此，职场新人必须要找一位老师在身边指导自己。

上面这番话,并不是我杜撰的,而是在我采访时山口扬平先生(Blue Marlin Partners, Inc. 董事长)所说的。我也是非常赞同他的意见,所以就把原话照搬过来。

> 在专业的工作中,一些可以言传的内容,
> 已经变得一般,无法区分高低。

山口先生的方法反映了日本茶道或武士道中"**守破离**"的思想。"守破离"正是表现了茶道或武士道中传统的师徒关系。

"守"就是遵守,首先要从细节效仿师傅的一举一动,一言一行;

"破"就是破除,接触和师傅所教授的不同的想法和做法,拓宽眼界;

"离"就是分离,最后超越迄今为止学到的所有做法,孕育出自己独特的技法。

> 可以应用在工作上的"守破离"
> 守＝完全效仿师傅的一举一动
> 破＝找到和师傅所传授的不同的方法，拓宽范围
> 离＝超越师傅所教授的方法，孕育出独有的技法

这种方法也可以用在新人熟悉工作上。从"守破离"来看，**新人在第一年就要完完全全地做到"守"，也就是说要彻底效仿老师的一举一动。**

在本次采访中，我听这些前咨询师讲述了自己在新人时期如何彻底贯彻"守"。

比如说，一位前咨询师说自己在新人时期曾经效仿他的经理。从他的聊天方式、停顿方法、邮件书写、使用钢笔的种类、服装、遣词造句、吃饭方式，到应对生气客户的方式，全部都在学习和效仿。

因为，只有彻底地学习和效仿后，才能开始下个阶段的学习。

> 只可意会不可言传的知识，需要从老师身上彻底地效仿。

本章开头提到的问题,在下面这本书里有详细的说明。

参考书籍

《你还在"公司"?》(山口扬平著)

29 发挥追随能力

重要性 ★★☆　　难易度 ★☆☆

我想，"领导能力"这个词大家都听过。领导能力是上司需要发挥的能力。

初来乍到的新人没有属下。那么，是不是说新人只要等着领导发挥"领导能力"，拉着自己向前走就可以了呢？

并不是。

即使是新人，也有马上就能做的事，那就是发挥"追随能力"。

追随能力就是作为属下可以发挥的领导能力。

"新人在第一年如何建立和上司的关系？"

"如何成为优秀的属下？"

新人第一次处在上下级关系中工作，难免会抱有这样的烦恼。而追随能力可以带来一些启示。

为了支持上司的提议，要动员自己周围的人

假设上司提出了一个方案。鼓起勇气提出最初方案是上司的责任。那么此时属下能做些什么呢？

比如说赞成上司的方案。

只有先赞成,才能协助上司推动实现方案。

但我不是说要去做满口附和的好好先生。好好先生是没有自主性的。具备能力的属下能够理解上司的方案内容,为了让方案实现而主动表示赞同,并且能号召其他人也来参与支持。

领悟理解上司的提议,想上司所想,思上司所需,积极行动。这才是具备追随能力的部下。

提出最初方案的是上司的责任。

为实现方案设想,率先积极地行动才是追随能力。

关于追随能力,这里有一个颇具象征性的著名视频短片。我在执笔本书时,该短片在 Youtube 上已经获得了 280 多万的点击量,可能读者朋友中就有看过该短片的人。

短片开头,在一个草坪上的野餐会场上,一个男人突然开始跳起怪异的舞蹈。他相当于最初的提案者——上司。男人一声不吭,很享受地跳着舞。这个时候只有他一个人跳舞,也不是太显眼。但是在短片下一刻,场面发生了变化。

出现了第二个人跑到男人身边,开始一起跳舞。不久又来了第三个人、第四个人。最后整个野餐会场几百人都开始一起跳舞。

开始只有一个人舞蹈，最后成了几百人参与的大型集体舞。

率先表示出支持上司提议的姿态，影响和号召周围的人

这个短片给了我们两点启示。第一点，最先鼓起勇气开始独自一人跳舞的男人值得称赞。另外一点，就是**第二个出来跳舞的人的勇气值得我们关注**。

第一个人开始跳舞时，一定显得很怪异。人们可以认为这只是个怪人在跳舞。

周围的人能做的事情有两件。其一是无视，其二就是表示赞同、支持他的舞蹈。

第二个男人并没有听谁的指示，而是靠自己的判断，跑到第一个跳舞的人旁边，和他一起跳舞。

第二个人的行为，才真正将最初跳舞的男人从"怪人"变成了"领舞者"。

接着就是第三个、第四个、第五个追随者……最后发展到了几百人的规模。

刚刚入行的新人能做的就是扮演第二个人的角色。即使没有能力提出新的方案，但是可以努力地支持上司，主动成为推动方案的伙伴之一。

上司一人无法开展大规模的活动。最初的追随者和他们的

支持也非常重要。

> 上司一人无法完成大项目。
> 无论什么项目，一开始的追随与支持十分重要。

即使你是职场新人，也可以发挥追随能力。换句话说就是"作为属下的领导能力"。

有协助能力的人成为优秀的领导只是时间问题。优秀的领导者不仅能起到前锋的作用，而且还很擅长追随他人。

刚入行的第一年，请先发挥追随能力吧。

当然，新人无法选择上司，有时候也会碰见合不来的上司。但是他也一定有值得赞同和号召大家支持的地方。即使是一些小地方，也要由你来发挥追随能力。这样，一定可以让团队越发团结。

> 追随能力是作为属下的领导能力。
> 优秀的团队必定有优秀的追随者。

参考资料

first follower: leadership lessons from dancing guy.

30　具备专业精神的团队合作

重要性 ★★☆　　难易度 ★★☆

很多公司要求新人充当工作助手。因此，有很多新人认为自己要积累经验后再去自主工作。其实，这种想法是错误的。即使是刚进公司的新人，也有新人的责任。

"你是刚工作的新人，但也是一名咨询师。"

这是我第一年进咨询公司时上司教导我的。换句话说，上司是希望我成为有专业精神的咨询师。从这句话中，我感受到上司对我的期待和肩上的责任。因为这番话也告诉我"即便是新人，也不是什么都不会也无所谓"。

这句话向我们暗示了"专业"的含义。

比如说你加入了某个职业棒球队，只有你是新人，周围的人都是职业选手。其中有的选手甚至一年有几十次本垒打[1]，取得过十多次胜利。在这个团队中，只有你是一次安打[2]都没有的0分新人。

但是，这并不是说你只做助手就可以了。你也要上赛场，

---

[1] 棒球术语。指击球员将对方来球击出后，击球员依次跑过一、二、三垒并安全回到本垒的进攻方法。——编者注

[2] 棒球和垒球运动中的术语。指打击手把投手投出来的球击出到界内，使打者本身能安全上到一垒的情形。——编者注

也要挥棒击球，你必须要为团队的胜利做出自己的贡献。

你的责任并不只是刷洗棒球手套或者努力练习就够了。

> 即使是新人，也要尽全力参加比赛，为胜利做贡献。
> 这才是专业选手和单纯的助手之间的区别。

"你们虽然是第一年的新人，但也是一名咨询师。"将这句话中所隐藏的含义翻译过来就是：

"在这里，只给专业咨询师做助手算不上真正为工作咨询做贡献。你现在虽然还不能完全独当一面，但是一旦有机会，一定要全力以赴，做出成绩，否则迟早会被开除。"

> 即使不能独当一面，
> 新人也要找到途径发挥自身价值，承担责任。

我再补充一下。

"我们并不是看不上助手。只是我们有专门做助手的人。你是作为咨询师被雇佣在此工作的，不能只满足于做一名助手，你的工作是作为咨询师为客户和团队做贡献。"

在自己负责的岗位上，要作为专业人员承担起责任

刚进公司时，我的工作大部分都是数据分析和整理。例如，整理分析客户公司的几十万行的销售数据，到客户的分店去调查员工实际的工作情况等，都是一些不起眼的工作。

新人的主要责任就是从这些数据资料中发现并提炼出有价值的东西。

"采用目前的经营策略的话，能够有多少的市场占有率？"

"如果不是公司人员不足，那么通过稳定消费群体可否提高占有率？"

思考这些问题的一般是稍有经验的咨询师。实际上，他们不收集相关数据资料，或进一步做实际验证。这些都是我这个新人的工作。

"人数相同，对手公司的市场占有率要多15%以上。这个差距出现在××上。"

类似这样的结果都可以通过数据分析得出来。

为此，我每天要和Excel奋战，制作数据库，反复试验尝试，工作到很晚。整理十几万行的销售额数据，交义列联表分析，这种操作要反复多次，才能找出关键的数据。

这种工作极其繁重，没多大技术含量，跟一般人想象中的的咨询工作完全不同。

新人和项目经理的责任不同。项目经理负责描绘出咨询项目的整体轮廓，安排工作和设计任务。而新人咨询师就需要做好每一个细节。

换句话说就是**分工**不同。作为新人，我做不了项目经理的工作，同样，**经理也无法代替新人做新人的工作**。

因为我负责分析工作，所以团队能不能拿出有意义的分析结果，全在于我的工作成果。如果我分析失败，那么项目也会失败。

也就是说，通过不同的分工，团队的每个人都**可以发挥各自的价值，为项目做出贡献**。当我认识到这一点后，才真正明白了专业团队合作的真正含义。

团队合作 = 分工

少了谁都无法成功。只有各自做好自己的工作，团队整体才能创造价值。

不同的人发挥不同的作用

在电视节目中看过二十二人二十三脚的游戏，游戏中很多孩子相互之间绑着腿跑。尽管每个人的体形不同，奔跑速度也不同，在游戏中每个人还是被要求与他人行动一致。游戏不在乎个人的能力，而是要大家按照规定好的动作，以规定的速度同时向前奔跑。在节目中这种游戏被叫作"团队合作"。

"不对！"

我心想。这并不是什么"团队合作"。

团队合作是指每个人都承担唯有本人才能承担的工作，朝着团队整体的胜利而努力。

如果有两个人发挥的作用完全相同，那么就不得不去掉其中的一个人。

> 不需要两个人发挥同样的作用。

思考以现有能力可以在什么领域为团队做出贡献

在专业的团队中，每个人承担的工作都不同。他们为了实现共同目标而走到一起。咨询团队正是这样一个团队。

每个人的工作都各不相同。如果有两个人工作相同，那么其中一个人就会被剔除。因此，在团队工作中，**必须展示自己和他人的不同，突出自己的特色。**

自己的特色并不一定非要是很难的工作。比如我很擅长大规模的数据分析，做出了成果，因此，数据分析就是我的武器。

有人不擅长分析数据，就全身心地投入采访或是现场调查的工作中去发挥自己的才能，还有人很有韧劲，那他在工作量上绝不输给别人。

创造自我价值的方法有很多，每个人都不想被淘汰，在现有能力下，拼命寻找能够为团队做贡献的领域。如果能够找到这种能够发挥自身能力的工作，对本人、对团队都是一件好事。

无论如何不能在他人擅长的领域弥补自己的弱点。

"那个人电脑操作很厉害，我也得学一下""这个人谈话技巧不错，我也得练习一下"，这种想法对自己、对团队其实都不是什么好事。

我们应该首先把自己擅长的、能发挥个人能力的工作作为出发点，而不是想自己"这也不会，那也不会"。只要能为团队做贡献，什么能力都是特技。

不要强求自己和他人有相同的技能，而是着眼于不同点，在不同领域找出可以做贡献的地方，然后努力在这些领域获得认可。

> 具备专业精神的团队就是每一个人都在不同的领域发挥自己特有的价值。
>
> 思考问题时以"现在我能做什么"为起点,寻找能为团队做出贡献的地方。

后　记

也许诸位读者在阅读本书的过程中，会感到书中的内容有很大的偏向性。

没错，确实有偏向。

不过，从本书的撰写目的来看，这种偏向反而是必要的。

因为在多位前咨询师普遍认为重要的技能之中，本书只选取了大多数人可以应用的技能。

因此，这本书并不全面。进入公司第一年需要学习的技能应该还有很多。

比如说，市场营销或竞争战略的基础等经营学相关的知识就是本书没有涉及的内容。

虽然也曾探讨过到底要不要把这些技能编入本书中，但是最终还是决定，同一些只能在新人时期使用的技能一样，管理学的知识也删掉了。

因为这些内容在我和前咨询师们讨论时，从来没有被提起过。从没被提起，就说明这些内容只有边角枝叶的作用。

实际上，在本书中，我也有意略去了枝叶，而是反复围绕重点来讲述。也就是说这本书没有细枝末节，而是相信前咨询师的经验，只集中在重要问题上。

另外，想必本书的读者中有很多人不在咨询公司工作。但是如果您仔细阅读本书，就会了解到，书中讲述的并不是不在咨询公司就无法学到的特殊技能，许多都是在其他公司或领域也可以学习到的。

因此，希望您不要因为没有在咨询公司工作，就觉得此书没有意义。书中列出了可以在各行各业适用的技能，以及无论什么职业都应该学习和锻炼的技能，希望这些可以成为您工作上的助力。

另外，还要说明一点。咨询师的经验并不能决定一个人的全部。

本书的内容虽然主要是在咨询公司中可以学习到的技能，但实际上，积极活跃在各界的人士们除了拥有在咨询行业获得的经验外，还在其他领域学习到、吸收到一些知识和技能。这两者结合起来，才让他们在自己的岗位上发挥重要的作用。

换句话说，这其中也包括咨询行业学不到的东西。

除了从咨询师的经验中学习，您也要同样重视自己所在的行业和公司学习相关知识和技能。正所谓技多不压身。任何知识到最后都能够联系起来，形成强大的力量。

大石哲之

接受采访的各界人士

他们参与和探讨了本书中的 30 个技能。本书也引用了他们的个人经历和经验。除此以外，本书还得到了多位人士的宝贵意见。

秋山由香里

事业开发咨询师、女高音歌手。在美国伊利诺伊州立大学读书期间，参与全球首个网络浏览器 NCSA Mosaic 项目开发，有丰富的互联网工程师经验。担任波士顿咨询集团首席顾问后，前往意大利留学，学习声乐。回国后，在海内外开办音乐会，并先后担任了通用电气的战略·事业开发总部长，日本 IBM 事业开发部长等。2011 年作为唯一一位日本女性被入选 IBM 集团的 40 人组成的跨国领导中。2012 年离开公司后，主要从事新事业开发支援项目，中东、亚洲、东南亚事业开发支援项目。主要著书有《边思考边奔跑——磨砺海外工作技能》《五种力量》

《身价千万才女的工作术（入门书）》《培养吸金力》。奈良先端科学技术大学研究生部情报处理学工学硕士。

梅田友彦

"M3 Career"股份有限公司药剂师事业部部长。东京大学教养学部生命认知科学科基础生命科学科毕业，后由东京大学研究生部理学系研究科生物化学系中途退学。2004年进入埃森哲股份有限公司。2006年在跨国企业布雷恩股份公司负责风险企业投资业务。投资对象有RareJob（日本股票创业板上市），comnico（出售给实业公司）、OTOBANK、WingStyle等公司。从2011年后参与规划M3 Career，担任其经营管理集团经理后，任职药剂师事业部部长。

奥井润

Ernst & Young顾问senior partner（合资公司共同经营人），东京理科大学工学部毕业后，1998年进入会计事务所consulting-firm公司，服务人型外贸计算机制造商后，在consulting-firm公司内主要负责制造业、家庭日用品客户，并从事公司、团体组织的重组、企业的经营管理、会计领域的业务咨询等。2010年之后创建Ernst & Young公司，现在为该公司汽车行业的咨询负责人。

菅原敬

英国国立普林斯顿大学管理学硕士（MBA），1996年进入安盛咨询公司（现在的埃森哲）。1999年参与创建istyle公司。2000年进入adlittle（日本）公司。主要负责高科技/通信企业的各种战略方案咨询业务。2004年担任istyle董事、CTO，担任两个公司的子公司社长后，2011年担任CFO。主导该公司在日本创业板上市，改为东京证券市场一部上市，负责众多企业收购和投资案。

田沼隆志

出生于1975年12月26日。东京大学毕业后在外资咨询公司负责政府机关和企业（制药、饮料等）改革项目。2006年，因希望从政，开始街头演说活动。2007年，获得日本千叶县议会选举的次高票。2009年、2010年连续两年获得日本千叶市议会最高票，当选议员，在千叶市议会中除了开展教育改革，还利用自身的咨询师经验，提出政府信息系统改革、人事评价制度改革。2012年，在第46届众议院选举中首次当选。财务金融委员会委员。

牧田幸裕

信州大学学术研究院（社会科学系）副教授，京都大学经济学毕业，京都大学研究生部经济学研究科。曾先后担任埃森哲战略集团、SIENT、ICG 等外资董事、副总裁。2003 年转战日本 IBM。工业事业总部合伙人。主要负责电子产业、家庭日用品市场。在 IBM 公司连续荣获最优秀培训师。2006 年任信州大学研究生部经济社会政策科学研究科教授助理。从 2007 年开始担任现在的职务。2012 年在青山学院研究生部国际管理研究科兼职讲师。有众多著作：《framework50 问》《向拉面二郎学管理》《掌握外领域"竞争战略"的 23 个问题》《锤炼优点》，并有多篇杂志连载。

山口扬平

早稻田大学政治经济学部毕业。东京大学研究生毕业。1998 年在大型咨询公司负责企业并购，曾经参与嘉娜宝、DAIEI 等企业重组，之后离开公司独自创业。建立企业实态可视化"shares"网，为证券公司和投资人提供信息。2010 年售出该网站。现在以咨询公司的活动为主，除负责多个事业和公司的运营外，还从事写作和演讲活动。专长是货币论和信息化社会论。

出版后记

随着我国经济的发展，咨询行业也在不断地发展和壮大。但是和发达国家的同行相比，在服务质量、规范化等方面还有不小的差距。在这样的背景下，从业人员急需一本相对权威，而又通俗易懂的书来讲述咨询行业的关键技巧，以更好地应对瞬息万变的职场环境。

本书作者大石哲之曾从事咨询行业，在撰写过程中，采访了多位有咨询师经验的社会成功人士，用心地总结出了30个工作技巧。他将这些技巧分为"说话""思考""资料制作""商务精神"等四个大类。作者用最平实的语言和真实的案例向读者讲述了这些技巧的使用方法和优点。

和市面上一些成功学、××速成之类的书不同，本书中的职场技巧都是咨询行业精英的经验，一旦掌握即可以一生受用。

特别值得强调的是，这些技巧不仅在咨询行业，也可以在各个工作领域广泛应用。在就业形势愈发严峻的今天，怎样才能让自己赢在起跑线上，在职场上拥有长久的优势是每一个职场新人都十分关心的问题。本书中讲述的职场技能基础而简单，且实操性强，非常适于新人学习掌握，以提升自身的竞争能力。

希望本书可以给每一位在职场上拼搏的读者一些启发。

服务热线：133-6631-2326 188-1142-1266
读者服务：reader@hinabook.com

后浪出版公司
2017年4月

图书在版编目（CIP）数据

靠谱：顶尖咨询师教你的工作基本功 /（日）大石哲之著；贾耀平译. —南昌：江西人民出版社，2017.6（2021.7重印）
ISBN 978-7-210-09240-7

Ⅰ.①靠… Ⅱ.①大… ②贾… Ⅲ.①工作方法—通俗读物 Ⅳ.①B026-49

中国版本图书馆CIP数据核字(2017)第048034号

"KONSARU ICHINENME GA MANABUKOTO"
by Tetsuyuki Oishi
Copyright ©2014 by Tetsuyuki Oishi
Original Japanese edition published by Discover 21，Inc., Tokyo，Japan
Simplified Chinese edition published by arranged with Discover 21，Inc.
本书简体中文版由银杏树下（北京）图书有限责任公司出版。
版权登记号：14-2017-0114

靠谱：顶尖咨询师教你的工作基本功

著：[日] 大石哲之　译者：贾耀平　责任编辑：王华 胡小丽
出版发行：江西人民出版社　印刷：北京盛通印刷股份有限公司
889毫米×1194毫米　1/32　6.75印张　字数 123千字
2017年6月第1版　2021年7月第9次印刷
ISBN 978-7-210-09240-7
定价：36.00元
赣版权登字 -01-2017-195

后浪出版咨询（北京）有限责任公司 常年法律顾问：北京大成律师事务所
周天晖 copyright@hinabook.com

未经许可，不得以任何方式复制或抄袭本书部分或全部内容
版权所有，侵权必究

如有质量问题，请寄回印厂调换。联系电话：010-64010019